GLAUBEN oder WISSEN

Reflexionen eines Ungläubigen zu den Grundfragen unserer Existenz

IMPRESSUM

2017 – Manfred Breddermann

1. Auflage

ISBN: 9 783744 837 736

Herstellung und Verlag:
BoD – Books on Demand, Norderstedt

GLAUBEN oder WISSEN

Reflexionen
eines Ungläubigen
zu den Grundfragen
unserer Existenz

Manfred Breddermann

INHALTSVERZEICHNIS

„Und da er dieses Unbeschreibliche, das tausend Namen trägt und das er immer gesucht hat, nicht finden konnte, hat er den Glauben entwickelt – den Glauben an einen Erlöser oder an ein Ideal, - und jeder Glaube erzeugt unabänderlich Gewaltsamkeit"

Jiddu Krishnamurti

„Nicht das, was du nicht weißt, bringt dich in Schwierigkeiten, sondern das, was du sicher zu wissen glaubst, obwohl es gar nicht wahr ist"

Mark Twain

Vorwort

Diese Reflexionen sind weder eine wissenschaftliche Bestandsaufnahme noch ein Glaubensbekenntnis. Es ist der Versuch, meine persönlichen Vorstellungen über wichtige Grundlagen nach Wissen oder Glauben zu überprüfen und abzuwägen.

Da meine Vorstellungen weniger aus eigener Erfahrung herrühren, sondern sich überwiegend aus gelesenen Büchern gebildet haben, stehen auch die für mich aktuellen Bücher hier im Mittelpunkt. Dabei geht es nicht um eine Kritik der Verfasser, sondern um meine persönliche Auseinandersetzung mit den behandelten Themen.

Da viele Darstellungen auf Hypothesen basieren, gibt es zu verschiedenen Punkten mehr Fragen als Antworten. Der Schwerpunkt der Themen liegt weniger bei der Frage, wer oder was die Welt erschaffen hat. Mein Anliegen ist vielmehr der Versuch, unser menschliches Potential, unser Denken und Verhalten im täglichen Leben, besser zu verstehen und von unnötigen Zwängen aus Religion und Gesellschaft zu befreien.

Meinen „Glaubensweg" begann ich als überzeugter Christ, fühlte mich dann gut aufgehoben in den Lehren von Bhagwan, später Osho genannt. Viele Jahre war ich offen für alle esoterischen Offenbarungen, bis ich nicht mehr bereit war, alles zu glauben. Ich suchte aber weiter und fand im Taoismus die geistige Grundlage, die am ehesten meiner eigenen Überzeugung entsprach. Bei allem blieb dennoch eine christliche Prägung zurück. Ich fühlte mich in meiner kritischen Einstellung zu religiösen Fragen unsicher. Erst nach einer intensiven Beschäftigung mit dem Gedankengut von Krishnamurti konnte ich mich von dieser Einschränkung befreien und meine Meinung vertreten.

In dieser immer grausamer werdenden Welt hoffen wir insgeheim zwar immer noch auf ein Eingreifen einer höheren Macht, müssen uns aber eingestehen, dass hoffen und beten keinen Einfluss auf das Weltgeschehen hat. Unsere Zweifel nehmen zu, ob es überhaupt so etwas wie eine höhere Macht gibt. Die Religionen helfen uns nicht weiter. Einmal abgesehen von den Gräueltaten, die im Namen der Religion verübt wurden, sind alle Religionen entstanden, um Macht und Einfluss zu erhalten. Dies gilt auch für unsere christliche Religion. Hilfreicher sind da die neuzeitlichen Weisheitslehrer in Verbindung mit den wissenschaftlichen Forschungen. Insbesondere die Erkenntnisse der neuen Physik, die uns einen neuen Zugang zur geistigen Ebene ermöglichen, auch die Weisheiten und Mystiken alter Kulturen erscheinen uns jetzt verständlicher.

Wir kennen heute die Zusammenhänge von Energie und Materie, von Teilchen und Wellen. Wir mussten akzeptieren, dass alles was wir mit unseren Sinnen wahr zu nehmen glauben, real nur in unserem Gehirn existiert. Außerhalb des Gehirns gibt es weder Farben noch Töne nur differenzierte Schwingungen. Ebenso ist unser Körper ein Gebilde aus Schwingungen unterschiedlicher Dichte. Weiter können wir feststellen, dass unser Bewusstsein auch ohne Körper und Verstand existiert. Trotz dieser epochalen Erkenntnisse bleiben noch viele Fragen zu unserer Existenz unbeantwortet.

Was wissen wir zu den großen Fragen: Wer bin ich, woher komme ich und wohin gehe ich? Habe ich eine Lebensaufgabe zu erfüllen und wenn ja, welche? Kann es überhaupt eine höhere Macht geben bei so viel Elend auf der Welt? Im Grunde wissen wir darüber nichts und kein Mensch wird jemals etwas darüber wissen. Wie gültig sind dann die „göttlichen" Gebote und Weissagungen? sie alle sind uns durch Menschen verkündet worden, und welche Wahrheit liegt in den Aussagen unserer Weisheitslehrer? Wissen wir überhaupt etwas? Wissen und Glauben sind nur scheinbar gegensätzliche Begriffe. Wenn ich behaupte dies und jenes zu wissen, bedeutet das zunächst nur, dass ich davon überzeugt bin, weil ich es vielleicht mit meinen

Sinnen erfassen kann. Mein Wissen bleibt aber immer subjektiv und abhängig davon, was ich als Tatsache und Wahrheit akzeptiere und was ich glaube zu wissen. Objektiv gesehen ist daher mein Wissen nichts mehr als mein „fester" Glaube.

Was wir über unsere Sinne erleben und als Tatsache empfinden, sind projizierte Hologramme unseres Gehirns, unsere schöne bunte Welt ist ohne unser Gehirn farb- und tonlos. Aber da wir alle solch ein Gehirn besitzen, sollte uns dieser Fakt nicht daran hindern, mit unseren Sinnen gemeinsam das Leben zu genießen. Wesentlich schwieriger wird es mit dem „übersinnlichen" Bereich. Da wir als Mensch darüber nichts, zumindest nichts Verbindliches wissen, sind wir hier auf unseren Glauben angewiesen.

Glauben ist aber kein Wertbegriff an sich, jeder Mensch kann anders glauben. Für den einen ist ein überzeugter Glauben eine Lebenshilfe, für einen anderen eine Grundlage zum töten. Der für mich bedeutendste Weisheitslehrer neuerer Zeit *Krishnamurti* sieht im Glauben sogar die Erzeugung von Gewaltsamkeit. Er empfiehlt daher, sich weniger mit dem Leben nach dem Tod zu befassen, sondern mehr mit unserem Leben jetzt, und die großen Möglichkeiten für ein glückliches Zusammenleben auszuschöpfen. *„Krishnamurti: Einbruch in die Freiheit"*

11

Das Wesentlichste auf dieser Welt ist, dass wir miteinander zu recht kommen. Unabhängig davon wer oder was wir sind und welchen geistigen Horizont wir besitzen. Das kann aber nur gelingen, wenn wir neben unseren eigenen Interessen auch die Interessen anderer mit berücksichtigen, und zwar aus innerer Überzeugung der Notwendigkeit. Diese innere Überzeugung fehlt uns jedoch. Wir handeln nach einer erstarrten Tradition, die von der Religion und heute vor allem von der gesellschaftlichen Norm geprägt ist.

Wie können wir uns heute orientieren über dass was für uns selbst richtig und wichtig ist? Über Jahrtausende hatte die Religion diese Aufgabe übernommen, hatte bestimmt, was gut oder böse ist. Es gab eine höhere Instanz, die zu berücksichtigen war. Jeder wusste, was er zu tun oder zu lassen hatte. Noch *C.G.Jung* schrieb in einem seiner Bücher sinngemäß: „Wenn es noch keine Religion gäbe, müsste man sie erfinden". Heute hat die Religion ihre Macht und Ihren Einfluss verloren, zumindest in den westlichen Ländern und Nordamerika. In einigen Ländern wird sie nur noch missbraucht, ähnlich wie wir es bei uns aus dem Mittelalter kennen.

Die kirchliche Religion ist zwar zur Makulatur erstarrt und wirkt auf uns wie ein Gesellschaftsspiel, in unserem Innern ist aber weiterhin ein religiöses Gefühl vorhanden. Dem entsprechend neigen wir dazu, nach Ersatzreligionen und neuen Autoritäten zu suchen. In der Mitte des letzten Jahrhunderts waren viele von dem weltweit verkündeten Paradigmen- wechsel fasziniert, mit dem „New Age" sollte eine neue Zeitwende in Gang gesetzt werden. Gerade auch in der Politik und in der Wirtschaft hofften und erwarteten viele eine Wende zum Besseren. Leider vergebens, Rücksichtslosigkeit und Korruption haben heute ihren bisherigen Höchststand erreicht.

Auch die in der Aufbruchsstimmung entstandene Esoterik-Welle ist versandet. Durch das maßlos geschäftliche Ausschlachten ist aus der ersten Begeisterung heute eine überwiegende Ablehnung entstanden. Trotz allem hat sich auch etwas Positives daraus entwickelt: Es gibt heute eine große und immer weiter wachsende Zahl von Menschen, die sich ernsthaft mit Fragen zur geistigen Ebene beschäftigen und offen sind für neue Erkenntnisse. Erkenntnis besagt, dass Sie selbst etwas erkannt haben, etwas entdeckt haben und dass Sie nichts aus zweiter Hand unkritisch übernehmen.

Krihnamurti mahnt uns: „Die Frage, ob es einen Gott gibt oder die Wahrheit, kann niemals durch Bücher, Priester, Philosophen oder Erlöser beantwortet werden. Niemand und nichts kann diese Frage beantworten als Sie selbst".

Woher komme ich?

Evolution oder Schöpfung

Viele neue wissenschaftliche Erkenntnisse scheinen die Evolutionstheorie zu bestätigen. Zumindest die körperliche Entwicklung der Lebewesen bis zum heutigen Menschen kann kaum noch bezweifelt werden. Weitgehend offen bleiben die Fragen, wie hat sich der geistige Hintergrund entwickelt und vor allem wann hat das Leben begonnen und wie ist es entstanden? Es ist so schwer vorstellbar, dass dies aus dem „Nichts" entstehen konnte.

Die langfristige Entwicklung der Lebewesen an Körper und Körperfunktionen kann man nachvollziehen. In dem gewaltigen Zeitraum von mehreren Milliarden Jahren sind unendlich viele Einflüsse möglich, die Anpassungen an die Umwelt und Mutationen erklärbar machen. Interessant ist jedoch, dass durch die vielen Erdkatastrophen immer wieder entstandene Lebensformen ausgelöscht wurden, ohne das Leben ganz zu vernichten. Wie konnte es möglich sein, dass das was jeweils übrig blieb sich allmählich zu dem entwickelte, was wir heute erleben dürfen? Diese Entwicklung ist ja offensichtlich nicht allein nach Überlebensstärke erfolgt, sondern auch nach Schönheit und Harmonie in der Natur und in den Lebewesen.

Evolution ist eine allmählich fortschreitende Entwicklung. Wir verbinden damit einen automatisch ablaufenden Vorgang, bei dem sich die Veränderungen durch das Anpassen an eine geänderte Umwelt ergeben, also reaktiv und planlos. Wenn wir aber das Ergebnis dieser Evolution betrachten, drängt sich da nicht der Gedanke auf, dass hier doch eine Art Masterplan integriert war? Könnte an der biblischen Schöpfungsgeschichte doch etwas dran sein, nur die genannte Zeitspanne wären nicht ein paar Tage, sondern einige Milliarden Jahre?

Unsere Geschwister

Etwas anderes finde ich an der Evolutionstheorie (noch) nicht ganz schlüssig. Veränderungen in einer Evolutionskette verlaufen nicht sprunghaft, sondern allmählich Stück für Stück über sehr lange Zeiträume. Wenn wir denn nun vom Affen abstammen sollen, aus einer Affenfamilie hervorgegangen sind, warum gibt es keine Zwischenstufen von Affen und Menschen? Auch wenn wir uns vom Schimpansen nur durch wenige Gene unterscheiden, nehmen wir eine Sonderstellung in der Affenfamilie ein und stehen im Gegensatz zu allen anderen Sprösslingen aus dieser Familie.

Es gibt viele Affenarten, aber nur eine Art Mensch. Wo ist unser Halbbruder, der halb Affe und halb Mensch ist? Die Paläoontologen werden entgegnen, dass sie auf der Suche nach ihm sind und dass sie überzeugt sind, ihn irgendwann auch zu finden. Dann bliebe die Frage, warum hat er nicht überlebt, man müsste doch annehmen, dass er bessere Lebenschancen hatte als seine übrigen Affenbrüder. Möglicherweise könnte er auch von seinen Verwandten ausgerottet worden sein.

Ob wir uns nun geplant oder zufällig zum Menschen entwickelt haben, sei einmal dahin gestellt. Auf jeden Fall sind wir nicht von irgendwo eingeflogen worden, sondern haben uns wie andere Lebewesen auch aus Urformen entwickelt. Als Mensch sind wir davon überzeugt, von allen Lebewesen die höchste Entwicklungsstufe erreicht zu haben und zu recht nicht mit Tieren verglichen werden wollen. Aber haben wir dadurch auch Sonderrechte gegenüber anders entwickelten Lebewesen? Ich möchte keinesfalls die besondere Wertigkeit des Menschen anzweifeln, aber wieweit können wir unsere Werte, Verständnis und Empfinden auf andere Lebewesen übertragen?

Wir projizieren unsere Maßstäbe auf unsere Mitbewohner, wir stufen sie ab, entsprechend ihren Abweichungen von unserem Menschenbild. Der brave Haushund steht uns näher, als der wildernde Wolf, das Schwein hat seinen Wert in der Höhe seines Schlachtgewichtes. Auf die Grausamkeiten in Schlachthöfen, Geflügelfarmen und Tierversuchen möchte ich hier nicht weiter eingehen. Dazu empfehle ich Ihnen das sehr lesenswerte Buch *„Tiere Denken"* von dem Philosophen *Richard David Precht*.

Jedes Tier, jedes Lebewesen führt ein Eigenleben. Wir wissen nichts darüber, was es denkt, fühlt und empfindet, eine sprachliche Kommunikation gibt es nicht. Es ist doch nicht ausgeschlossen, dass zum Beispiel Tiere sich glücklicher fühlen als wir Menschen, dass wir uns nur einbilden die Krone der Schöpfung oder der Evolution zu sein. In dem oben genannten Buch bringt Richard *David Precht* dazu das folgende, interessante Beispiel:

„Es ist der wohl komplexeste Organismus, den die Natur je hervorgebracht hat, ein Meisterwerk der Evolution. Kein anderes Lebewesen hat sich auf vergleichbare Weise perfektioniert. Es bewohnt alle Meere vom Nordpol bis zum Südpol, von seichten Gewässern bis in die finstere Tiefe von fünftausend Metern. Das Nervensystem schlägt alles andere im Bereich der Biologie, das Gehirn steuert acht Nervenknotenpunkte und erlaubt ihnen ein bemerkenswertes Eigenleben. Drei Herzen schlagen in dieser Kreatur, 75 000 bewegliche Zähne sammeln sich in seinem Kiefer und selbst die Speiseröhre zermalmt noch die Beute. Das Fingerspitzengefühl ist das feinste in der ganzen Natur, sensibelste Organe nehmen geringste Wasserströmungen wahr. Riechen und Schmecken kann dieser emotionale Gigant wie kein anderes Lebewesen. Spitzenorgane erspüren Temperatur und Wasserdruck, Salzgehalt und Kohlensäure. Elektromagnetische Schwingungen werden subtil erspürt. Kommuniziert wird durch feinste Farbnuancen und beständige Verfärbung. Tausende Schattierungen bestimmen den für Außenstehende unentzifferbare Code einschließlich der Option „unsichtbar" zu werden.

Das Liebesleben stellt alles in den Schatten, was die Evolution ansonsten hervorgebracht hat.

Mit drei Penissen stimuliert und massiert das Männchen die drei Klitoris des Weibchens und begattet es in kunstvoller Weise. Die Paarung ist ein nicht endendes Spiel aus Taumeln und Tanzen, schillernden Verfärbungen und zärtlichsten Ritualen. Und sie erstreckt sich uferlos in die Zeit, so lange, bis die Jungen geboren und vom Vater liebevoll betreut werden. Ein halbes Leben verbringt dieses bezaubernde Wesen ausschließlich mit Sex. Die Rede ist vom Kraken, dem vollendeten Lebewesen der Natur".

Diese Beschreibung des Kraken mag einigen zu emotional erscheinen, aber diese einfühlsame Darstellung kann wesentlich dazu beitragen, unsere Beurteilung der Tierwelt zu überdenken. Was wussten wir bisher über Kraken? Sicherlich kannten wir sie nur als Speise in Spezialitätenrestaurants, oder noch als Ungeheuer in Horrorfilmen. Dies gilt auch für die meisten anderen Tiere. Was denken wohl Tiere über uns Menschen?

Nach der Evolutionstheorie sind unsere direkten Vorfahren menschenähnliche Affen, als Homo sapiens gehören wir zur Affenfamilie. Der Unterschied zwischen Mensch und Affe ist zwar offensichtlich, auf der Grundlage von Genen ist der Unterschied zwischen Mensch und Schimpanse allerdings geringer, als der Unterschied zwischen Schimpanse und Gorilla. Eine Verwandtschaft lässt sich daher kaum leugnen.

Ob wir aber tatsächlich vom Affen abstammen, oder uns als Eigengewächs parallel zum Affen entwickelt haben, das liegt noch im Dunklen. Nach dem Neandertaler gab es viele neue Funde und Hinweise auf früher gelebte Menschen auf fast allen Kontinenten. Nach Meinung der Paläontologen liegt die Wiege der Menschheit in Afrika. Aber was vor den frühen Menschen war, bleibt noch ein Geheimnis. Es gibt weder Hinweise auf den Uraffen, noch auf Zwischenstufen von Affe und Mensch und auch keine Vorstufen von Affe und Mensch.

Allerdings wurde gerade in diesen Tagen dazu eine neue Hypothese veröffentlicht. Danach hätten sich die ersten Menschen in Europa entwickelt und nicht in Afrika. Auf dem Balkan wurde ein Zahn gefunden, der wegen seiner besonderen Form einem Menschen, zumindest einem „Vormenschen", zugeordnet wird und dieser Zahm ist 7,2 Millionen Jahre alt.

Geht man weiter zurück in das Zeitalter der Dinosaurier finden sich Hinweise auf frühere Entwicklungsstufen. Die Wissenschaftler gehen davon aus, dass die Dinosaurier infolge von Umweltkatastrophen ausstarben. Die Katastrophen haben vermutlich alles Leben, einschließlich Pflanzen auf der Erdoberfläche vernichtet. Überleben konnten nur bestimmte Kleintiere, die nicht auf Pflanzennahrung angewiesen waren und als eine Art Spitzmäuse überwiegend in Erdhöhlen lebten. Diese überlebenden Tierchen sollen bereits den Bauplan für die späteren Primaten, einschließlich der Menschen in sich getragen haben. Zwischenstufen für diese Entwicklungszeit sind nicht bekannt.

Beginn des Lebens

Geht man noch weiter zurück und zwar in die Zeit vor etwa 3,6 Milliarden Jahre, glauben die Urzeitforscher den Urahn aller Lebewesen gefunden zu haben. Dieses Lebewesen soll ein Einzeller gewesen sein, mit bereits einigen hundert Genen. Dieser älteste gemeinsame Vorfahre wird „Luca" genannt (Last Universal Common Ancestor).

„Luca" ist zwar nur einzellig, aber er zeigt bereits komplexe Entwicklungen. Daraus wird geschlossen, dass Luca schon Vorgänger haben musste. Es gibt Hinweise auf Bakterien- strukturen, die etwa 3,7 Milliarden Jahre alt sind, sowie weitere Hinweise auf Organismen, die bereits vor 4,1 Milliarden Jahren gelebt haben können.

Mit der Annahme, dass die Erde „erst" vor circa 4,6 Milliarden Jahren entstanden ist, bestehen Zweifel, ob sich in dieser „kurzen" Zeitspanne komplexe Lebensformen entwickeln konnten. Zudem war die junge Erde alles andere als ein lebenskonformer Ort. Wenn überhaupt könnte die Entwicklung nur auf dem Meeresboden erfolgt sein.

Eine andere Möglichkeit besteht darin, dass bestimmte Entwicklungsformen aus dem Weltall stammen, die mit Meteoriten oder Sternenstaub auf die Erde gelangten. Das wiederum würde die

Vermutung unterstützen, das Leben nicht auf die Erde beschränkt ist und wir möglicherweise im Weltall nicht allein sind.

Die Grundlagen der Evolutionstheorie sind Annahmen und Erkenntnisse für Vorgänge aus unendlich frühen Zeiträumen. Sie basieren auf punktuellen Restformen, die mit komplexen Verfahren hochgerechnet wurden. In dieser Entwicklungskette gibt es große Zeitlücken und was neben den Reststücken sonst noch vorhanden war, können wir nicht einmal erahnen. Frühere Annahmen sind heute überholt, weitere Korrekturen sind auch in Zukunft zu erwarten. Das was heute vorliegt ist sicherlich noch kein absoluter Beweis für den Ablauf der Evolution. Trotzdem können wir davon ausgehen, dass der Mensch und alle heutigen Lebewesen sich aus niederen Lebensformen allmählich entwickelt haben.

Dann bleibt nur noch die Frage, wie ist die erste Lebensform entstanden? Dabei ist es weniger wichtig wo es geschah, ob auf der Erde oder irgendwo im Weltall. Es fällt uns sehr schwer, anzunehmen dass das Leben aus dem „Nichts", aus anorganischem Material entstanden sein soll. Die erste Lebensform muss ja bereits das Potential für spätere Entwicklungen in sich tragen und lebensfähig bleiben. Eine Antwort gibt es nicht, wir können nur für uns selbst abwägen, was wir für wahrscheinlicher halten: Die Entstehung des Lebens durch das Zusammentreffen von besonderen

Bedingungen und Bausteinen oder durch einen Schöpfungsakt vor mehreren Milliarden Jahren.

Immerhin gibt es schon Anzeichen dafür, dass Lebensformen aus anorganischem Material entstanden sein könnten. In der möglichen Entstehungszeit von ersten Lebensformen vor circa 4,5 Milliarden Jahren müssen auf der Urerde chaotische Zustände geherrscht haben. Das Meer war eine Ursuppe, bestehend aus Methan, Ammoniak und Wasser.

Mitte des letzten Jahrhunderts versuchte *Stanley Miller* diese Ursuppe im Labor nachzuahmen. Um eine chemische Reaktion mit diesen Grundstoffen zu bewirken, musste eine Energiequelle hinzukommen. Auf der Urerde waren vermutlich Blitzentladungen und das UV-Licht der Sonne vorhanden. *Miller* sorgte bei seinem Versuch dafür, dass über eine Hochspannung seine Mischung von heftigen Funkenentladungen getroffen wurde.

Das Ergebnis war für die gesamte Fachwelt eine Überraschung: nach 24 Stunden hatten sich Aminosäuren gebildet, die Bausteine des Lebens. Es war das erste Mal, dass aus anorganischem Material sich organische Stoffe gebildet hatten.

Daraus könnte man folgende Schlüsse ziehen. Erstens, es besteht die Möglichkeit, dass Leben aus Materie entstanden sein kann und folglich, dazu kein Schöpfungsakt erforderlich war. Und zweitens, wenn es eine Schöpfung oder einen Schöpfungsplan gibt, so liegt der Beginn bereits beim Urknall, beim Ursprung des Universums.

Die Entstehung des Universums können wir uns fast noch vorstellen. Wenn wir messen konnten, dass sich das Weltall mit rasender Geschwindigkeit weiter ausdehnt, muss es einen Punkt geben, wo diese Ausbreitung begonnen hat, und das ist heute keine Utopie mehr. Nur, dass diese unendliche Materienmasse des Universums aus einem einzigen Energiepunkt entsprungen sein soll, das übersteigt unser Vorstellungsvermögen bei weitem. Entsprechend Einsteins Weltformel $E = m*c^2$, entstand aus der explodierenden Energie die Materie.

Kosmosforscher gehen davon aus, dass dabei nicht alle Energie umgewandelt wurde. Die noch vorhandene Energie, zum Beispiel in den „schwarzen Löchern, reiche aus, das jetzige Universum schlagartig auszulöschen und ein neues entstehen zu lassen, dann wahrscheinlich auch mit neuen Naturgesetzen. Ob und wann dieses Drama passieren könnte, kann natürlich niemand wissen.

Wenn das vorhandene Universum unseren Verstand schon überfordert, ist es nutzlos zu fragen, was war vor dem Universum, was war vor dem Energiepunkt und wie entstand er, oder wer schuf ihn? Damit verliert sich auch der Beginn der Evolutionskette im Nichts oder in der Unendlichkeit. Die Existenz einer höheren Macht kann aber mit dem allen nicht ausgeschlossen werden, sie erscheint sogar wahrscheinlicher. Ob wir uns aber als winziger Mensch, für das Ziel der Evolution oder der Schöpfung halten können, ist bei diesem Aufwand kaum vorstellbar.

Allerdings sind wir in bestimmter Weise schon der Mittelpunkt des Universums. Mit großer Wahrscheinlichkeit sind wir im Weltall die einzigen Lebewesen, die an einen Schöpfer denken oder glauben können. Vielleicht war es auch der besondere Wunsch des Schöpfers, von seinen Geschöpfen geliebt zu werden, oder sich zumindest innerlich verbunden zu fühlen. Und das ist nur uns Menschen möglich.

Aber auch noch aus einer anderen Besonderheit im Universum könnte man schließen, dass der Mensch ein Ziel der Schöpfung ist. Es ist die Besonderheit des Gravitationsgesetzes. Das „Naturgesetz" der Gravitation ist nicht aus einer Evolution entstanden, es ist integriert im gesamten Universum und muss gleichzeitig mit ihm entstanden sein. Dieses Gesetz besagt aber nicht nur, dass sich etwas anzieht, sondern definiert eine genau bestimmte Anziehungskraft. Und genau die Größe dieser Anziehungskraft ist das Besondere. Nur die bestimmte Größe dieser Kraft ermöglicht die Existenz des Universums.

Was für uns entscheidend ist, diese Kraft bewirkt auch den Abstand der Erde von der Sonne. Nur mit diesem genauen Abstand wird das Leben auf der Erde ermöglicht.

Wäre die Gravitationskraft nur um einen winzigen Betrag größer, Experten sprechen hier von einem Tausendmilliardstel, dann wäre das Universum schon bald in sich zusammen gestürzt. Dasselbe auch umgekehrt, bei einem etwas kleineren Betrag, gäbe es weder Sterne noch Sonne, das Weltall hätte sich zu schnell ausgedehnt.

Für das Leben auf der Erde war es zusätzlich noch entscheidend, dass für die vorhandene Gravitationskraft, Sonne und Erde die entsprechenden Größen haben. Bei den geringsten Abweichungen würden wir verbrennen oder erfrieren. Wer mag das Gravitationsgesetz festgelegt haben?

Wer bin ich?

Zufall oder Planung

Bin ich ein Zufallsprodukt am Rande des Universums, oder bin ich eingebunden in einen Schöpfungsprozess? Mitte des vorigen Jahrhunderts postulierte der französische Nobelpreisträger *Jacques Monod* die These von Zufall und Notwendigkeit in der Genetik der Evolution. Mit den Erkenntnissen der Biologie begründete er die vor 2.500 Jahren gemachte Aussage von *Demokrit:* „Alles was im Weltall existiert ist die Frucht von Zufall und Notwendigkeit".

Monod erklärt: „Der Mensch weiß endlich, dass er in der teilnahmslosen Unermesslichkeit des Universums allein ist, aus dem er zufällig hervortrat. Nicht nur sein Los, auch seine Pflicht steht nirgendwo geschrieben". Zum Organismus der Lebewesen sagt er: „Der Organismus ist eine Maschine, die sich selbst aufbaut. Seine makrokosmische Struktur bildet sich autonom, durch innere Wechselwirkungen, die dem Aufbau dienen".

Das klingt sehr logisch und es hat mich seinerzeit auch überzeugt. Die Entwicklung unseres Körpers, einschließlich unseres Verstandes verläuft ausgehend von der Eizelle autonom und automatisch, entsprechend den in der DNS gespeicherten Informationen. Und auch das Weltgeschehen mit seiner Brutalität und seinem Elend setzt sich sinnlos fort. Das Einwirken einer höheren Macht ist nirgendwo zu erkennen. Der Mensch bleibt in seinem Leid und Elend allein gelassen.

Die Evolutionskette vom niedrigsten Lebewesen bis zum Menschen scheint sich zu schließen, wobei offen bleibt, ob dies rein zufällig ablief, oder doch nach einem übergreifenden Schöpfungsplan. Ebenso offen ist, ob der Mensch in seiner jetzigen Form bereits das Ende der Evolutionskette darstellt, oder ob er nur eine Zwischenstufe einer weiteren Entwicklung ist. Unbeantwortet bleiben auch die Fragen, wie entstand das Leben und wie werden die Lebensvorgänge gesteuert?

Für *Monod* ist das Leben aus dem „Nichts" entstanden und hat sich zufällig über Mutationsfehler weiter entwickelt, wobei die Lebensfunktionen autonom durch zellintegrierte Informationen gesteuert werden. Mit dem „Nichts" kann *Monod* Recht haben, allerdings hat dieses „Nichts" heute eine besondere Bedeutung. Für die Quantenphysiker besteht das Nichts aus unvorstellbaren Energien, für die Weisheitslehrer ist es der Schöpfungsraum.

Autonome Steuerung

Aus der Schulmedizin lernte ich, dass die wichtigsten Lebensvorgänge von einem autonomen vegetativen Nervensystem gesteuert werden und von unserem Willen unabhängig sind. Über die Grundlagen dieses „autonomen" Systems herrschte Schweigen, es war nun einfach vorhanden. Störungen in diesem Bereich wurden mit der Diagnose „Vegetative Dystonie" abgehandelt. Erst in den letzten Jahrzehnten ergaben spezielle Forschungen, dass hier ein Wunderwerk an „Technik", Informationen und Abläufe uns am Leben erhält. Die Komplexität, die Vielzahl und die Geschwindigkeit der Vorgänge übersteigt unser Vorstellungsvermögen. Was hier als „autonomes System" bezeichnet wird ist kein vorprogrammierter Automat, es entspricht eher einer übermenschlichen Instanz, einem tätigen, geistigen Energiefeld.

Dieses Wunderwerk erfüllt ganz unterschiedliche Aufgaben. Als grobe Aufteilung kann man unterscheiden, einmal den Aufbau des Körpers aus der Eizelle heraus, also das Wachsen. Dann die Steuerung der Lebensvorgänge, das auch schon in der Wachstumsphase. Weiter die Anpassung an die Veränderungen der „äußeren" Lebensvorgänge und nicht zuletzt bei Notfällen die erste Hilfe zu leisten und entstandene Schäden, soweit möglich zu reparieren.

Diese komplexen Vorgänge können über die Nerven allein nicht gesteuert werden. Die Nervenimpulse sind viel zu langsam und das Nervennetz reicht dafür auch nicht aus. *Popp* fand vor einigen Jahrzehnten bei seinen Forschungen heraus, dass die Zellen untereinander über kleine Lichtsignale korrespondieren. Aber der notwendige Umfang und die Dichte der Informationen im ganzen System, kann auch mit Lichtsignalen allein nicht erreicht werden. Hierfür ist eine „digitale" Vernetzung und Steuerung erforderlich. Jeder Zellkern mag unendlich viele Informationen gespeichert haben, aber sicherlich nicht für alle Lebenssituationen des Einzelnen und erst recht nicht für die gesamte Menschheit.

Unser „autonomes" Nervensystem ist autonom gegenüber unserem Willen, es funktioniert ohne unser Zutun. Aber das System selbst funktioniert nicht autonom entsprechend einer Vorspeicherung. Für die laufende Anpassung an die jeweilige Situation bedarf es einer Überwachung und einer übergeordneten Steuerung. Wer oder was könnte hier steuern? Bei dieser „überirdischen" Komplexität ließe sich vermuten, dass hier eine höhere Quelle, wie zum Beispiel das „Universale Bewusstsein" wirksam ist. Auch das „höhere Ich" oder die Seele kämen dafür in Frage. Nach meiner Auffassung sind wir es aber selbst, nur unser Verstand ist davon getrennt.

Dieses Steuerungssystem mit all seinen Facetten für die Lebenserhaltung, hat sich auf dem Evolutionsweg vor dem Verstand entwickelt. Der Verstand, die Basis für Denken und Wollen, kam erst später dazu, als „Anhangsprodukt" und zum Schutz der vitalen Lebensvorgänge getrennt davon mit beschränkter Einflussmöglichkeit. Natürlich kann man hier wieder fragen, ist eine so anspruchsvolle Entwicklung in einer Evolution überhaupt möglich? Ausreichend Zeit war vorhanden und der Antrieb zur Anpassung, durch die laufende Änderung der Lebensbedingungen ebenso. Aber Anpassung und Mutation gehen zunächst in die „Breite". Es muss hier ein Naturgesetz oder ein Schöpfungsprinzip mitgewirkt haben, so dass die Entwicklungsstufen immer höher und besser wurden.

Danach steuern wir also unsere vitalen Lebensvorgänge selbst, außerhalb unseres Tagesbewusstseins. Die Steuerzentrale wird vermutlich in unserem Gehirn liegen, allerdings hat sich auch das Gehirn erst langsam entwickelt. Sie könnte auch in anderen Organen liegen. Der Medizinforscher *Lothar Hollerbach* sieht in unserem Herz eine wesentliche Zentralstelle, die er in seinem

Buch: *"Der Quanten Code"* wie folgt beschreibt: „Ihr Herz ist Ihr zentrales Organ, das alles, aber auch wirklich alles, innerhalb wie außerhalb Ihres Körpers wahrnimmt, abspürt und gleichzeitig regelt" und weiter: „Als energetische Basisstation produziert das Herz elektromagnetische Impulse, die im EKG, dem Elektrokardiogramm, sowohl auf der Körperoberfläche als auch außerhalb des Körpers messbar sind".

Wie bereits erwähnt, können wir unser vegetatives System willentlich kaum beeinflussen. Das gilt aber nicht für unser Empfinden und für unsere Gefühle. Bekanntlich erhöht sich unser Herzschlag, oder auch unser Blutdruck sehr spürbar, wenn wir uns sehr über etwas aufregen. Mit bestimmten Verfahren ist es uns auch möglich, unser Wollen einzubringen. Mit autogenem Training ist das seit langem möglich, einfacher und direkter gelingt es bei der Quantentherapie, wie zum Beispiel bei der Harmonisierung des Blutdrucks oder bei der Muskelentspannung.

Die Trennung unseres inneren Betriebsystems vom Tagesbewusstsein ist eine sinnvolle Schutzmaßnahme. Die inneren Lebensabläufe sind nicht nur alle miteinander vernetzt, sie unterliegen auch einer sehr sensiblen Feinabstimmung. Jeder „äußere" Eingriff hat Folgen für das ganze System. Jede tiefere Verletzung und auch jede Operationsnarbe hinterlassen ein Störfeld. Der Nachteil der Abtrennung besteht allerdings darin, dass wir in unserem Tagesbewusstsein keine unmittelbare Störmeldung empfangen können. Erst wenn bereits ein Schaden angerichtet ist, werden wir wach gerüttelt durch Beschwerden und Schmerzen.

Auch unsere Gesundheit hat mit der Evolution einen Zusammenhang. Der heutige Zustand unseres Körpers und seiner Funktionen ist das Ergebnis einer Anpassung an die Lebensumstände über viele Jahrtausende. Seit den letzten hundert Jahren erleben wir in vielen Bereichen eine immer schneller werdende Entwicklung. Aber die geistige Entwicklung ist schneller möglich, als die körperliche Entwicklung. Unsere Lebensumstände, vor allem unsere Verhaltensweisen haben sich wesentlich verändert, im Gegensatz zu unseren Körperfunktionen, die sich nicht geändert haben. Wir sind etwas leistungsfähiger geworden und leben einige Jahre länger. Jedoch unsere Körperfunktionen entsprechen noch in etwa denen des Neandertalers.

Unsere Speisen und unsere Essgewohnheiten haben sich geändert und schaffen neue Probleme. Unsere angeborene Gebrauchsanweisung, wonach alles gut ist, was gut schmeckt und gut riecht, ist wertlos geworden. Im Supermarkt gibt es nur noch Lebensmittel, die gut schmecken, gut riechen und vor allem gut aussehen, allerdings künstlich nachgeholfen. Zum Glück haben unser Magen und unser Verdauungsapparat eine große Toleranzbreite, im Gegensatz zu unserem Auto, das wir mit chemisch „veredeltem" Benzin nicht füttern dürfen.

Viel anfälliger sind unsere Gelenke und unser Kreislauf. Wir sind in kurzer Zeit zu einer Sitzgeneration geworden und daran wird sich so schnell nichts ändern, dieses Problem wird sich eher noch vergrößern. Fast alle Tätigkeiten werden heute im Sitzen ausgeübt und in der Freizeit sitzen wir wieder, vor dem Fernseher oder vor dem Computer. Spätestens im Alter werden unsere Gelenke verkümmert sein und Hilfe gibt es dann nur noch durch künstliche Gelenke. Chronischer Bewegungsmangel bewirkt zwangsläufig Gelenkbeschwerden und Gelenkschäden. Dabei kann ein Bewegungsmangel weder durch Medikamente oder Nahrungsergänzungsmittel noch durch Ernährungsumstellung ersetzt werden und Gelenkschäden können damit auch nicht geheilt werden.
Die Gelenke haben in unserem Körpersystem eine Sonderstellung in Bezug auf ihre Versorgung. Unsere Körperzellen werden über den Blutkreislauf ver- und entsorgt. Nicht jedoch die Zellen im Gelenk, die Knorpelzellen. Der Blutkreislauf endet am Gelenkrand, die Weiterleitung

und Verteilung an den inneren Gelenkknorpel erfolgt über ein Pumpsystem. Und dieses Pumpsystem wird allein durch Gelenkbewegung mechanisch in Gang gesetzt. Ohne Gelenkbewegung gibt es weder eine Versorgung noch eine Entsorgung.

Bei unseren Vorfahren gab es zwangsläufig keinen Bewegungsmangel, sie mussten sich bewegen, um zu überleben. Es gab aber auch Ausnahmen, zum Beispiel wird von dem Vater Alexander des Großen überliefert, dass er im Alter stark gehbehindert war. Warum wohl? er bewegte sich nur sitzend auf seinem Pferd.

Über die große Bedeutung und die Notwendigkeit von täglicher Bewegung wird heute zwar viel geredet und geschrieben, aber diese Mahnungen werden von der Allgemeinheit noch ignoriert. Der technische Fortschritt hat unser körperliches Verhalten geändert. Wenn für dieses neue Verhalten die natürlichen Voraussetzungen nicht mehr erfüllt sind, wird eine entsprechende Gebrauchsanweisung notwendig. Offensichtlich reicht der allgemeine Bewusstseinszustand des Menschen noch nicht aus, Zusammenhänge und Folgen seines Verhaltens zu erkennen.

Unser Energiefeld

Dass wir mehr sind als unser Körper und in einem geistigen Energiefeld leben, dürfte heute unbestritten sein. Inwieweit wir selbst, in unserer Essenz ein geistiges Wesen sind, bleibt zunächst nur eine Hypothese. Allerdings gibt es für diese Hypothese einige Anzeichen, wie zum Beispiel die bekannten Nahtod Erlebnisse oder auch die Durchsagen seriöser Medien.

Vorausgesetzt ich habe oder ich bin ein höheres „Ich" entsteht die Frage, bin ich auch auf der geistigen Ebene ein unabhängiges Individuum, mit bisher unbekanntem Potenzial? Oder bin ich eingebunden in ein universales „Sein", sozusagen eine Art Niederlassung einer höheren Macht? Nach meinen eigenen Erfahrungen bin ich überzeugt, dass zumindest zwischen den menschlichen Energiefeldern eine Verbindung besteht. Das heißt, dass unser geistiges Energiefeld weit über unseren Körperraum hinausgeht. Diese Erfahrung mache ich bei jeder Anwendung der Quantentherapie, bei der die eigene Intention unabhängig von der Entfernung auf den anderen übertragen wird.

Auch ein beeindruckendes Traumerlebnis bestätigt mir diese Verbindung. Genau in Ihrer Todesstunde bedankte sich meine Schwiegermutter bei mir in meinem Traum und übergab mir eine silberne Rose. Ich hatte tags zuvor in einem längeren Gespräch versucht, ihr die Angst vor ihrem Tod zu nehmen.

Das eigene Energiefeld lässt sich nicht darstellen und konnte auch bisher nicht gemessen werden. Aber man kann es selbst fühlen. *Eckhart Tolle* beschreibt in seinem Buch: *„Jetzt! Die Kraft der Gegenwart"* dazu eine kleine Übung: Versuchen Sie in Ihrem Körper Ihr pulsierendes Energiefeld zu spüren. Sie beginnen mit Ihren Händen und Armen bei geschlossenen Augen. Fühlen Sie für ein bis zwei Minuten „in Ihre Hände hinein". Hineinfühlen ist ein zielgerichtetes, mehr aktives Fühlen. Nach den Händen und Armen, fühlen Sie in Ihre Füße und anschließend in Ihren gesamten Körper. Vielleicht spüren Sie beim ersten Mal nur ein leichtes Kribbeln. Nach einigen weiteren Versuchen, wird dieses Kribbeln aber schnell intensiver und auch richtig wohltuend.

Auch wenn man bereits von einem eigenen Energiefeld überzeugt ist, macht es einen Unterschied, ob ich das glaube, oder es selbst erleben kann. Darüber hinaus empfehle ich, diese kleine Übung möglichst häufig anzuwenden, Ohne Vorbereitung kann man sie zu jeder Zeit und an jedem Ort ausführen, sie trägt dazu bei, Ihren geistigen und körperlichen Gesundheitszustand zu verbessern.

Unser Bewusstsein

Über die Quantentherapie gewann ich noch eine weitere Erkenntnis: Wir besitzen ein Bewusstsein, ein so genanntes „reines" Bewusstsein, das auch ohne unserem Verstand existiert. Auch dies können Sie selbst mit einer kleinen Übung nachvollziehen: Ihr Verstand ist ständig für Sie tätig und versorgt Sie ununterbrochen mit Gedanken.

Versuchen Sie Ihre Gedanken bewusst wahr zu nehmen und stellen dann Ihrem Verstand eine Frage, die er nicht beantworten kann. Zum Beispiel: „Welche Farbe hat mein nächster Gedanke?" Die Folge ist eine absolute Funkstille in Ihrem Kopf. Sie haben für eine kurze Zeit Ihren Verstand ausgeschaltet, trotzdem sind Sie sich Ihrer selbst bewusst. Sie sind in diesem Moment nur „reines" Bewusstsein. Bei der Quantentherapie ist für den Behandelnden das Ausschalten des Verstandes und das Verweilen im „reinen" Bewusstsein die Voraussetzung für die Wirksamkeit.

Einige Weisheitslehrer gehen noch einen Schritt weiter. Nach Ihrer Auffassung sind wir nicht nur ein geistiges Wesen mit einem Körper und Verstand, sondern in unserer Essenz sind wir Bewusstsein. *Manuel Schoch* zitiert in seinem Buch: *„Das Tao des Glücks"* den altindischen

Weisen *Aschtavakra:* „Du bist weder Erde noch Luft noch Feuer noch Wasser noch Raum. Erkenne Dich vielmehr selbst als das bezeugende Bewusstsein. Dies zu verstehen ist Befreiung. Wenn Du Dich von der Identifikation mit deinem Körper befreist und entspannt in Bewusstsein verweilst, wirst Du genau in diesem Moment glücklich sein, im Frieden, frei von jeder Fessel". Diese Darstellung entspricht dem Ziel der tiefen Meditation östlicher Religionen.

Demgegenüber definiert *Krishnamurti* unser Bewusstsein rein pragmatisch, wenn er schreibt: „Bewusstsein ist der Gesamtbereich, in dem sich das Denken abspielt und unsere Beziehungen ihren Bestand haben. Alle Motive, Ansichten, Wünsche, Vergnügungen, Ängste, Eingebungen, Sehnsüchte, Hoffnungen, Kümmernisse, Freuden sind in diesem Raum vorhanden".

Und zu unserer Einteilung in das Tag Bewusste und das so genannte Unterbewusstsein: „Aber gibt es überhaupt so etwas wie das Unterbewusste? Wir gebrauchen dieses Wort ziemlich bedenkenlos, übernommen aus den Schlagworten der Analytiker und der Psychologen und messen ihm eine große Bedeutung zu. Es scheint aber so, dass das Unterbewusstsein ebenso trivial und stumpfsinnig ist wie der bewusste Geist, ebenso eng, blindgläubig, voreingenommen, ängstlich und minderwertig".

41

Das ist eine klare Absage an die verbreitete Glorifizierung des Unterbewusstseins. Ist unser Unterbewusstsein also doch nicht der „heilige" Ort, in dem wir unser „Höheres Ich" vermuten, oder eine Macht, der wir ausgeliefert sind, sowohl im guten, als auch im bösen Sinn? Demnach wäre es eine normale Gehirnspeicherung, mit dem einzigen Unterschied, dass diese Speicherungen in der „Ablage" weiter hinten stehen.

Die unterschiedlichen Ebenen: Seit unserer Geburt sind wir in die weltliche Ebene eingebunden. Wir empfinden uns als ein selbstständiges Individuum, das frei für sich entscheiden kann. Wir denken und handeln nach den Erfahrungen unseres Verstandes. Die Lebenserhaltung verläuft automatisch in optimaler Form, soweit wir oder andere Umstände den Ablauf nicht stören. Eventuelle Einschränkungen unserer Handlungsfreiheit durch das Gewissen sind abhängig von unserer Erziehung und dem bisher erlebten Umfeld. Als real halten wir das, was uns unser Gehirn aus den Wahrnehmungen unserer Sinnesorgane vermittelt.

Erst wenn wir uns in eine höhere Bewusstseinsstufe entwickelt haben, können wir uns der geistigen Ebene bewusst werden. Und erst dann unterstehen wir dem möglichen Einfluss einer höheren Macht. Bis dahin können wir unsere Welt zerstören, ohne dass uns jemand daran hindert. Auf der geistigen Ebene sind wir zwar auch ein Individuum, aber eingebunden in ein geistiges Umfeld. Nach unseren Weisheitslehren ist unser individuelles Bewusstsein ein Teil des universalen Bewusstseins. Das universale Bewusstsein ist in allem was ist, also auch in uns. Es entspricht dem Sein, dem Tao, der universalen Matrix oder eben auch Gott. So gesehen sind wir auf der geistigen Ebene die Gegenwart Gottes.

Ein Teil dieser Hypothese entspricht den physikalischen Forschungen. Dabei ist aber zu berücksichtigen, dass auch die Erkenntnisse der Quantenphysik teilweise auch nur Hypothesen sind, wenn auch mit hoher Wahrscheinlichkeit. Gibt es eine Schöpfung, so entstehen die Fragen nach dem Ursprung, dem Weg und dem Ziel der Schöpfung. Die Frage nach dem Ursprung endet in einer endlosen Fragenkette: Wer war der Schöpfer der Schöpfung, wer schuf den Schöpfer und so weiter. Auch der weitgehend nachgewiesene Urknall hilft uns dazu nicht weiter, auch er muss eine Vorgeschichte haben. Der Weg der Schöpfung ist für mich identisch mit der Evolution. Ob Zufall oder Planung, in jedem Fall hat sich über eine unendlich lange Evolutionskette das Geschöpf Mensch entwickelt

Ziel der Schöpfung

Über das Ziel der Schöpfung kann man nur spekulieren. Aber es spricht vieles dafür, dass der heutige Mensch zwar noch nicht die Krone der Schöpfung ist, aber mit ihm schon ein ganz wesentliches Schöpfungsziel erreicht ist. Wenn ich mir vorstelle, dass alles in dieser Welt aus einem geistigen Hintergrund entstanden ist, so ist bereits die Materie ein Erfolgsprodukt. Wenn dann die Materie belebt wird und sich als Mensch selbst anschauen kann, darf man schon von einem Höhepunkt sprechen.

Hinzu kommt noch das Besondere, dass nur wir Lebewesen, insbesondere der Mensch, mit seinen Sinnesorganen die Schönheit der Schöpfung erkennen und erleben kann. Ohne die Sinnesorgane der Lebewesen ist die Schöpfung ein Gebilde aus energetischen Schwingungen.

Der große Weisheitslehrer *Alan Watts* hat zwar Recht, wenn er zitiert: „Blaue Berge sind ohne unser Zutun blaue Berge und weiße Wolken sind ohne unser Zutun weiße Wolken". Aber ohne einen Beobachter sind die Berge weder blau, noch die Wolken weiß. Insoweit sind wir Zeugen der Schöpfung, oder wie *Aschtavakra* es ausdrückte: „bezeugendes Bewusstsein".

Das Ziel der Schöpfung könnte sein, dass der Mensch sich so weiter entwickelt, dass für alle Lebewesen ein glückliches Leben auf dieser Welt möglich wird. Davon sind wir heute noch weit entfernt. Es ist eine Frage der menschlichen Bewusstseinsentwicklung und die verläuft nur über lange Zeiträume. Die heute noch allgemeine Bewusstseinsstufe reicht nicht aus, um Kriege zu vermeiden, geschweige denn ein allgemein glückliches Leben zu führen.

Nach *Ken Wilber* haben sich in unserer Kultur bisher nur circa drei Prozent zu einer „subtilmentalen" Bewusstseinsstufe entwickelt. Das heißt nur drei Prozent sind in der Lage, sich mit einem geistigen Hintergrund zu beschäftigen und größere Zusammenhänge zu erkennen. Heute dominieren noch die „Kentauren", eine Bewusstseinsstufe mit Haben Mentalität. Die Kennzeichen für diesen Macher Typ sind Macht, Ansehen und Status.

Wie könnte die weitere Entwicklung des Menschen ablaufen? Was könnte sie beschleunigen? Das Eingreifen einer höheren Macht ist nicht zu erwarten. In unserer Religionsgeschichte werden zwar solche Eingriffe behauptet, ich halte diese aber für zweckdienliche Darstellungen von Naturkatastrophen. Und Naturkatastrophen sind keine göttlichen Racheakte oder Hilfen, sie sind aus der Evolution bedingt, oder wie heute durch das

Verhalten des Menschen verursacht. Unsere weitere Entwicklung hängt offensichtlich allein von uns selbst ab.

Kommen wir zurück zu der Frage „wer bin ich" und setzen einmal voraus, dass es eine höhere Macht gibt. Und wenn diese höhere Macht nicht direkt in das Weltgeschehen eingreifen will oder kann, ist der weitere Verlauf der Schöpfung vom Bewusstsein des Menschen abhängig. Wir wären somit der Handlanger der höheren Macht.

Die Frage ist, sind wir dazu fähig, besitzen wir das Potential, diese Aufgabe zu erfüllen? Es sieht heute nicht danach aus, aber möglicherweise ist dieses Potential bei uns schon angelegt, ohne dass wir es bisher erkannt haben. Unsere Weisheitslehrer betonen immer wieder, dass wir mehr sind, als das was wir denken. Auf der geistigen Ebene wären wir ein Teil dieser höheren Macht.

Was bin ich denn nun? Die Antwort hängt von der jeweiligen Bewusstseinsstufe ab, von dem was mir bewusst ist. Auf den unteren Stufen bin ich das, was ich mit meinem Verstand und meinen Sinnesorganen wahrnehme. Zu einer geistigen Ebene habe ich keinen Zugang, also existiert sie für mich nicht. Im Rahmen von Gesetz und Ordnung bemühe ich mich, mein Leben möglichst optimal zu gestalten. Auch meine Verantwortung bleibt entsprechend beschränkt. Erst bei den höheren Bewusstseinsstufen entwickelt sich das geistige Potential, mit Folgen auf mein Verhalten und mein Empfinden für Verantwortung.

Und was ist mit der Seele, dem unsterblichen Teil des Menschen? Das ist eine sehr problematische Frage. Der Mensch ist nicht geschaffen worden, sondern hat sich über die Evolution entwickelt. Betrachtet man die Evolution als einen Schöpfungsweg, so muss der Mensch bereits im Einzeller angelegt gewesen sein. Wo waren aber vor der Menschwerdung die Seelen der heutigen Menschheit? Sie könnten sich ebenso über die Evolution entwickelt haben. Das entspräche auch der Vorstellung, dass alle Lebewesen in unterschiedlicher Art beseelt sind. Ebenso würde es die These von **Taylor Moone** unterstützen, wonach die Seelen sich inkarnieren, um auf der Welt zu lernen und sich weiter zu entwickeln.

Daraus entsteht weniger die Frage, bin ich ein Mensch mit einer Seele, oder eine Seele in einem menschlichen Körper sondern was ist das Ziel der Schöpfung? Sind es die vollkommenen Seelen auf geistiger Ebene, oder ist es der Mensch, der mit seiner höchst entwickelten Seele die Welt beglücken kann? In jedem Fall, ob als Seele oder Mensch, befinde ich mich noch in einem Entwicklungsprozess. Darf ich dieser Entwicklung nur zuschauen, oder bin ich dazu aufgerufen, aktiv daran mit zu wirken?

Wir leben in einer Zeitspanne, in der der Entwicklungsprozess von einer verstärkten Eigendynamik angetrieben wird. Dabei fallen zwei unterschiedliche Richtungen auf. Zum einen ist es die Zunahme von geistigen Erkenntnissen mit einer Erweiterung des Bewusstseins und zum anderen die rasante Entwicklung der Technik, besonders der digitalisierten Maschinentechnik. Die heute entwickelten Roboter können bereits „sprechen", sind lernfähig und können eigenständig agieren, mit gegenseitiger Verständigung.

Unsere Zukunft:

Wie wird die Zukunft aussehen? In der Denk- und Handlungsstärke werden in absehbarer Zeit die Roboter uns Menschen überholen, bleibt die Frage, ob sie uns auch beherrschen können. Hier entstehen ganz neue Probleme und Aufgaben in unserem Zusammenleben. Zukunftsforscher erwarten, dass zunächst der Roboter der Diener des Menschen bleibt, jedoch in immer enger werdenden Verbindungen. Zum Beispiel, dass künstliche Körperteile vom eigenen Gehirn gesteuert werden und Gelähmte wieder gehen oder schreiben können.

Sorge bereitet allerdings die Entwicklung der Vernetzung unserer Gehirne, die unseren Privatbereich auflösen könnte. In weiterer Folge, könnte es möglich sein, das Gehirn nicht nur anzuzapfen, sondern komplett als „Software" abzuspeichern und auf eine andere „Hardware" wieder aufzuspeichern. Das wäre dann der erste Schritt zum ewigen Leben. Wahrscheinlicher ist jedoch, dass am Ende der Menschheit, die Roboter soweit entwickelt sind, dass sie uns überleben können. So könnte es auch sein, dass wir bei unserer Suche nach Lebensformen im Weltall keine Lebewesen, sondern Roboter antreffen.

Diese Zukunftsaussichten sind nicht hypothetischer als die Vorstellung von unserer Herkunft. Wenn am Ende dieser Entwicklung der Roboter-Mensch, oder nur der Roboter steht, wäre dann ein Ziel der Schöpfung erreicht oder verfehlt? Kann es sein, dass der ganze Schöpfungsgedanke nur ein Mythos ist, eine Wunschvorstellung des Menschen?

Lebensaufgaben

In der Evolutionskette ist der heutige Mensch ein Wendepunkt für die weitere Entwicklung auf dieser Welt. Es verläuft zwar noch vieles nach dem Prinzip des Zufalls, aber der Mensch hat jetzt die Macht, alles zu zerstören oder anzustreben, dass die Welt zum Paradies wird. Mit diesem Ziel, die Welt zu verbessern, wäre die Lebensaufgabe eindeutig definiert. Die Macht des Einzelnen ist aber innerhalb der menschlichen Gemeinschaft sehr beschränkt.

Die Gemeinschaft, das heißt der überwiegende Teil der Menschheit hat erst einen Bewusstseinszustand erreicht, bei dem die eigenen Interessen Denken und Handlung bestimmen. In absehbarer Zeit wird sich daran nichts ändern, die Entwicklung des Bewusstseins vollzieht sich nur über größere Zeitabstände.

Was bedeutet das für die Wenigen, die heute schon bereit sind, entsprechend dieser Aufgabe zu leben. Sie müssen sehr bald erkennen, dass eine Verbesserung der Welt heute noch eine Utopie ist.

Selbst über hohe Machtpositionen ist dies nicht erreichbar, selbst der amerikanische Präsident Obama scheiterte am Unverständnis seines Umfeldes. Gerade in der Politik wird deutlich, wie sich der allgemein niedrige Bewusstseinszustand auswirkt. Demokratie, das heißt Volksherrschaft ist sicherlich die bestmögliche Staatsform. Aber sie ist auch in den fortgeschrittenen, westlichen Staaten sehr anfällig und in den weniger entwickelten Ländern offensichtlich unfähig zu funktionieren.

Aber auch in unserem eigenen Umfeld stoßen wir schnell auf das allgemeine Unverständnis. Was bleibt uns dann noch übrig? Wir können im stillen Kämmerlein über unsere Möglichkeiten zur Weltverbesserung nachdenken, müssen uns dann aber im Alltagsgeschehen der herrschenden Gesellschaft anpassen. Um unsere Existenz zu sichern, müssen wir uns zu allererst um unsere eigenen Interessen kümmern. Wie könnte dabei noch eine Lebensaufgabe zu erfüllen sein?

Wenn allerdings das Ziel der Schöpfung darin bestehen sollte, dass sich die Seelen weiter entwickeln sollen und das Leben auf dieser Welt nur eine Schulungsaufgabe darstellt, dann wären alle Ereignisse nur die Mittel zum Zweck. Dann wären nicht die Ereignisse entscheidend, sondern wie wir darauf reagieren und was wir, beziehungsweise unsere Seele daraus lernt. Mit jeder Inkarnation könnte sich die Seele weiter entwickeln und dabei Versäumtes nachholen. Am Ende der Entwicklung entfällt die weitere Inkarnation und auf die Welt kann dann verzichtet werden. Das Ziel wäre danach eine vollkommene Seele zu werden, oder anders ausgedrückt, ich existiere dann als geistiges Wesen mit erfolgreicher Welt Erfahrung.

Danach wäre unsere Lebensaufgabe weniger eine Welt Verbesserung, als vielmehr die Verbesserung von uns selbst. Unser Schicksal wäre weitgehend vorbestimmt und unsere Aufgabe bestünde darin, in der jeweiligen Situation richtig zu reagieren. Auf dieser Grundlage entfällt zwar einiger Druck der Ereignisse, aber es würde auch bedeuten, dass wir unsere Lebensgestaltung nicht selbst bestimmen können. Allerdings frage ich mich, wenn die Heimat der Seelen bereits ein glücklicher und liebevoller Bereich ist, wozu dann die Tortour der Inkarnationen? Auch die ganze Schöpfung wäre dann am Ende wertlos.

Unterschiedliche Lebensaufgaben: Wenn wir unsere Weisheitslehrer zur Lebensaufgabe befragen, erhalten wir die unterschiedlichsten Antworten. Sie reichen von der religiösen Rückbesinnung mit verpflichtender Lebenswandlung, über das Erkennen des Lebens als Lebensspiel bis zur freiheitlichen Optimierung des täglichen Lebens. *Jacques Monod* vertrat zwar die Ansicht, über eine Pflicht des Menschen steht nichts geschrieben, aber es reicht nicht nur dem zu folgen, was man allgemein tut und was nicht verboten ist.

Unabhängig von Moral, Ethik oder Religion liegt es in unserem eigenen Interesse, miteinander möglichst gut aus zu kommen. Und dafür ist es lohnenswert, sich mit den Empfehlungen unserer Weisheitslehrer auseinander zu setzen.

Die klarsten Antworten und Anweisungen erhalten wir bei *Taylor Moone*, Seine Empfehlungen sind zwar sehr religiös geprägt und setzen einige Hypothesen als gegeben voraus, wie zum Beispiel die Inkarnation, seine Anweisungen sind aber sehr lebensnah und begreifbar. Sie entsprechen einer allgemein gültigen Lebenshilfe für eine Verbesserung unserer Lebensqualität im Hier und Jetzt und verdienen eine ausführliche Darstellung.

Taylor Moone: „Der Seelen Code"

In seinem Buch: „Der Seelen Code" betrachtet Taylor Moone das Leben als eine Schulungsaufgabe, mit der fehlerhafte Lebenseinstellungen korrigiert werden können. Welche Aufgaben das sind, weiß nur unsere Seele. Wir erhalten in unserem Leben lediglich die dafür entsprechenden Gelegenheiten. Wenn wir die nicht nutzen, bekommen wir in der nächsten Inkarnation dazu eine weitere Chance.

Nach *Taylor Moone* bin ich eine Seele, die sich durch menschliche Inkarnationen weiter entwickeln will. Als Seele entstamme ich dem geistigen Bereich und bin in der Seelengemeinschaft beheimatet. Entgegen üblicher Auffassung, ist die menschliche Seele noch nicht „vollkommen". Für ihre Weiterentwicklung inkarniert sie als Mensch mit bestimmten Aufgaben, dem Seelen Code. Mit der Geburt ist die Seele ohne Rückbesinnung und eingeschlossen im menschlichem Bewusstsein. Erst wenn wir unsere Seele erkennen und ihren Code „entfesseln", kann sie aktiv werden.

Wie das in der Praxis geschehen soll, bleibt zunächst problematisch. Aber *Taylor Moone* bietet uns dazu nachvollziehbare Hilfen an. Er beschreibt nicht nur ausführlich die vier wichtigsten

Seelen Codes, sondern erklärt auch, wie wir sie erkennen und erfüllen können. Wir können nachprüfen, in wieweit wir die Aufgaben der Codes bereits erfüllt haben und erhalten einfache Übungen, mit denen wir uns verbessern können. Wie bereits erwähnt handelt es sich hier um sehr wertvolle, vor allem auch praktisch umsetzbare Lebensweißheiten. *Taylor Moones* Empfehlungen habe ich daher im Folgenden teilweise im Wortlaut übernommen, für seine ebenso wertvollen Erläuterungen empfehle ich sein Buch zu lesen.

Code 1: **Der Seelencode der Liebe >** *Taylor Moone* erklärt: „Die menschliche Seele strebt nach dem Zustand der bedingungslosen Liebe, um in ihm mit anderen zu leben". Die bedingungslose Liebe zu leben fällt uns sehr schwer. Unsere „normal" empfundene Liebe ist weder bedingungslos noch teilbar und so immer gefährdet. Die anzustrebende Liebe definiert *Taylor Moone* wie folgt: „Liebe ist weder äußere Zuwendung noch ein inneres Gefühl. Liebe ist ein Zustand. In diesem sind wir frei von Absichten und Urteilen"

Dazu die Empfehlungen: 1. „Wir wollen Menschen nicht mehr verändern". 2. „Wir beurteilen nicht, was oder wie jemand ist". 3. „Wir erfreuen uns am Erfolg anderer".

Code 2: **Der Seelencode der Gemeinschaft** > *Taylor Moone* erklärt: „Die menschliche Seele strebt nach der ehrlichen und aufrichtigen Verbindung zu anderen". In diesem Abschnitt werden wesentliche Probleme der Gemeinschaft angesprochen. Unter anderem: Wir sollen unsere wahren Gefühle nicht unterdrücken, um Anerkenntnis und Zuwendung zu erhalten. Bei unseren Zuwendungen warnt er uns, nicht mit zu leiden, sondern mit zu fühlen. Bei aller Nächstenliebe dürfen und müssen wir aber negative Handlungen nicht erdulden. *Taylor Moone* grenzt deutlich das Sein und das Tun voneinander ab: „Wir können also die Wesensart eines Menschen akzeptieren und gleichzeitig seine Handlungen ablehnen".

Dazu die Empfehlungen:1. „Wir rauben unseren Mitmenschen keine Energie". 2. „Wir sehen im anderen uns selbst". 3. „Wir unterscheiden zwischen Sein und Tun"

Code 3: **Der Seelencode der Resonanz** > Taylor Moone erklärt: „Wir ziehen Ereignisse und Zustände in unser irdisches Leben, die dem Zustand unserer Seele entsprechen".

Dazu die Empfehlungen: 1. „Wir erkennen den Zusammenhang der Bausteine unseres Lebenslaufes" 2. „Wir erkennen uns selbst in den aktuellen Ereignissen unseres Lebens". 3. „Wir begegnen immer mehr Gleichgesinnten".

Code 4: **Der Seelencode des Karmas** > *Taylor Moone* erklärt: „Die menschliche Seele bringt selbst gewählte, eigens auferlegte und in früheren Zeiten unerfüllte Lebensaufgaben mit in das irdische Leben".

Dazu die Empfehlungen: 1. „Wir erkennen die großen Lebensthemen als Aufgabenstellung". 2. „Wir spüren, dass wir dem Schicksal nicht hilflos ausgeliefert sind". 3. „Wir streben eine möglichst hohe spirituelle Entwicklung an".

Die Empfehlungen werden von *Taylor Moone* in seinem Buch ausführlich erläutert und ergänzt mit konkreten Beispielen in Form von Parabeln. Auch das Problem der Wunscherfüllung wird aufgegriffen. Unsere Wünsche seien lebenskonform, allerdings sei die Erfüllung der Wünsche vom Zustand der Seele abhängig. Dazu verspricht er, dass alle Wünsche erfüllt werden können, wenn wir entsprechend den Seelencodes leben.

Auch zum Schöpfungsplan und zum Schöpfungsziel beschreibt er seine Vorstellungen. So sieht er in der Evolution einen Bestandteil des Schöpfungsplans. Der Mensch ist kein Produkt der Schöpfung, sondern ihr Vollstrecker. Nicht Gott oder das Universum sondern allein wir Menschen sind für den Fortschritt der Evolution verantwortlich.

Mit unserem freien Willen können wir uns für oder gegen die Erfüllung des Schöpfungsplans entscheiden. Das Ziel der Schöpfung ist die Verschmelzung von irdischem und geistigem Leben. Nach *Taylor Moone* erfüllen wir den Schöpfungsplan, wenn wir entsprechend den Seelencodes leben. Dabei können wir gleichzeitig in unserem jetzigen Leben den persönlichen Glücks- und Erfolgsweg finden.

Rut Björkman: „Licht einer anderen Dimension"

Bei *Taylor Moone* steht unsere alltägliche Lebensweise im Vordergrund, die wir mit Hilfe seiner Seelen Codes relativ leicht verbessern und so den Schöpfungsplan erfüllen können. *Rut Björkman* betrachtet unser heutiges Leben als eine Absonderung vom göttlichen Plan. Sie fordert uns auf, unsere Lebenseinstellung gründlich zu ändern. Wir sollen uns zurück besinnen auf unseren Schöpfer und in seinem Sinne als Mitschöpfer die heutige Welt verändern und neu gestalten. Das Buch: „Licht einer anderen Dimension" ist eine Zusammenfassung ihrer zahlreichen Veröffentlichungen.

Rut Björkman bezieht sich bei ihren Forderungen auf die Offenbarungen von Jesus von Nazareth und mahnt uns, die für unser Leben so entscheidende Bedeutung dieser Offenbarung zu erkennen. Dabei stellt sie klar, dass diese Christliche Offenbarung bei Jesus stehen geblieben ist und in der Folgezeit bis heute von den religiösen Lehren missbraucht wird.

Die größte Tragödie sei die Personifizierung von Jesus als alleiniger Sohn Gottes, also Jesus als Gott zu sehen. Einem Gott kann man dienen und verehren, aber man kann ihm nicht nachfolgen. Aber gerade die Nachfolge und deren Möglichkeit ist das Anliegen und die frohe Botschaft des Menschen Jesus.

Für *Rut Björkman* war Jesus ein „normaler" Mensch, der die Göttlichkeit im Menschen bei sich gefunden hat. Aus dieser Erkenntnis hat er uns aufgerufen, ihm nachzufolgen und in uns die eigene Göttlichkeit zu suchen. In seinen Predigten war nie die Rede von einer erlösenden Kraft seines Todes, ebenso nicht von einer Lehre des Kreuzes.

Rut Björkman macht die Religionen dafür verantwortlich, dass wir trotz Jesus und Buddha weiterhin in unserer Absonderung von der wahren Menschlichkeit leben: „Welcher Wahn verblendet unsere Augen, dass wir nicht erkennen, wie sehr sich eine christliche Religion durch ihre Geschichte selbst den Beweis liefert, wie unchristlich, spirituell unlebendig und gottlos sie ist!" Sie entlarvt die Eckfeiler der Religion, wie den strafenden Gott, die Erbsünde, den Teufel und die entsprechenden Dogmen als Mittel zur Erhaltung ihrer Machtposition. Mit der wahren „religio", das heißt mit der Rückbesinnung hat das nichts mehr zu tun.

Unsere Lebensaufgabe wäre danach, entsprechend dem Gleichnis aus dem Evangelium, als verlorener Sohn die Rückkehr zum Vater anzustreben. Bei *Taylor Moone* gibt es praktische Anweisungen, uns in diese Richtung zu bewegen. Bei *Rut Björkman* ist es ein geistig-mystischer Prozess. Das wird Einigen gelingen, oder auch schon selbstverständlich sein. Die große Mehrheit ist aber noch nicht in der Lage, die Bedeutung dieser Zusammenhänge zu erkennen und erst recht nicht, sich entsprechend zu verhalten. Missionarisch ist das auch nicht zu beschleunigen. Wie beim verlorenen Sohn muss wohl zunächst die Sinnlosigkeit eines „abgesonderten" Lebens erkannt werden, bevor ein Umdenken möglich wird.

Robert Scheinfeld: „Raus aus dem Geldspiel"

Der Titel dieses Buchs ist etwas irreführend, es geht zwar auch um das Geld, aber in erster Linie um das Aussteigen aus dem Lebensspiel. Für Robert Scheinfeld ist unser Leben ein Lebensspiel, erdacht und kreiert von uns selbst, genauer gesagt von unserem höheren Ich. Dieses geistige, höhere Ich ist das Bindeglied zwischen meiner Person und der höheren Macht und unsere Gegenwart Gottes.

Vergleichbar mit der Seele von *Taylor Moone*, hat mein höheres Ich für seine Inkarnation bestimmte Dinge und Situationen vorgesehen, um sie zu erleben. Dabei geht es aber weniger um das Lösen von Lernaufgaben, sondern zu erkennen, dass unser Leben ein Spiel ist, um es zu verändern.

Das was wir erleben ist aber nicht nur ein Spiel im üblichen Sinn, es ist auch eine großartige Täuschung der Realität. Wir glauben mit unseren Sinnen die Realität wahrzunehmen und halten dies für die Wirklichkeit. Tatsächlich sind es aber nur Hologramme von bestimmten Energieformen. Die uns geläufige, vielfältige Welt existiert nur in unserem Gehirn. Da diese Hologramme in allen Köpfen nach gleichem Muster wahrgenommen werden, erscheint diese These als wenig glaubhaft. Allerdings dürfte bekannt sein, dass es außerhalb unseres Gehirns, ohne einen Beobachter, weder Farben noch Töne gibt.

Dass wir die uns umgebenden Dinge nur über unser Gehirn als Hologramme erleben, entspricht zwar nicht unserer bisherigen Lebenserfahrung, kann aber dennoch richtig sein. *Robert Scheinfeld* geht aber noch einen Schritt weiter. Die Dinge und die Situationen, die wir wahrnehmen sind nicht nur in ihrer Form und in ihrem Aussehen anders als wir glauben, sondern sie existieren überhaupt nicht, zumindest nicht in unserem Umfeld. Die Hologramme, die wir wahrnehmen beziehen sich auf ein spezielles Programm, das im „Nullfeld" angelegt ist. Danach gibt es weder Banken noch Kontoauszüge, selbst unsere Mitmenschen sind nur Bestandteile dieses Programms.

Nach diesem Programm verläuft unser „Lebensspiel", nach *Robert Scheinfeld* ist es unsere Aufgabe, dieses Spiel zu erkennen und daraus „auszubrechen". Er gibt uns dafür bestimmte Werkzeuge in die Hand, mit denen wir diesen „Ausbruch" erreichen und unser Leben neu gestalten können. Dieser Ansatz klingt phantastisch, ist aber kaum nachvollziehbar. Robert Scheinfeld selbst sieht das alles als eine Hypothese an. Betont aber, dass es bei ihm selbst und bei sehr vielen Anderen so funktioniert hat.

Für mich selbst habe ich die Möglichkeiten noch nicht ausgeschöpft, meine Bankauszüge sind für mich immer noch ein reales Problem. Allerdings konnte ich feststellen, dass zumindest bei psychischen Belastungen seine „Werkzeuge" sofort helfen können. Problemfälle lösen sich auf, das Problem bleibt zwar bestehen, aber die innere Belastung und das ständige daran Denken gibt es dann nicht mehr.

Dazu ein kleines Beispiel: Ich bin ein Katzenliebhaber und meine Katze bedeutet mir sehr viel. Als ich dann das Missgeschick hatte, die Katze meines Nachbarn zu überfahren war ich regelrecht geschockt. Ich nutzte dann eines dieser „Werkzeuge" und war erstaunt, dass ich sofort von meiner tiefen Traurigkeit befreit war und nicht mehr darüber nachdenken musste.

Wer aus dem Lebensspiel aussteigen möchte, muss zunächst anerkennen, dass alles was er erlebt eine Täuschung ist, eine Erfindung seines höheren Ichs. Sodann muss er die Energien aus dem „Nullfeld" zurückfordern und sich dem Rückfluss dieser Energien öffnen.

Bei entsprechend langer Anwendung seiner Werkzeuge können wir nach *Robert Scheinfeld* wieder zu dem werden, was wir wirklich sind: das höhere Ich, in der Gegenwart Gottes mit der Macht ausgestattet, unser Leben selbst zu gestalten. Auch wenn die materiellen Dinge im Vordergrund stehen, geht es *Robert Scheinfeld* im Grunde um das „religio", um die Rückbesinnung auf die Verbindung mit unserem Schöpfer.

Diese Rückbesinnung auf unseren Schöpfer und als Mitschöpfer Verantwortung zu übernehmen wird von den meisten Weisheitslehrern gefordert. Nur wie das konkret zu erreichen ist, gibt es kaum Hilfen und nachvollziehbare Anweisungen. Bei *Rut Björkman* ist es die Nachfolge von Jesus. Das ist zwar eine eindeutige Aussage, aber dieser mythisch geistige Weg bleibt noch den Meisten verschlossen. *Robert Scheinfeld* bietet uns ausführlich beschriebene Werkzeuge an, mit denen wir das hohe Ziel erreichen können.

Die Scheinfeld Methode ist aber nicht so einfach, wie es zunächst erscheint. Der entscheidende Erfolg, der Austritt aus dem Lebensspiel ist erst nach ein bis zwei Jahren möglich. Bis dahin müssen die „Werkzeuge" täglich angewendet werden. „Ich bin die Macht und die Gegenwart Gottes" wird sowohl für den religiösen als auch für den atheistischen Menschen Schwierigkeiten bereiten. Aber es entspricht unserer heutigen Auffassung zur Schöpfung und macht unsere Verantwortung deutlich.

Ob ich das alles, was ich wahrnehme selbst erfunden habe, kann ich nur als Hypothese annehmen. Das gilt ebenso für die damit erfolgte Einlagerung von großen Energiemengen in das Nullfeld. Allerdings ist das Zurückfließen einer Energie in diesem Zusammenhang tatsächlich zu spüren. Wie bereits erwähnt, kann diese Methode bei psychischen Belastungen sofort eine große Hilfe sein. In wie weit unsere alltäglichen Lebensprobleme damit gelöst werden können, ist vielleicht nur eine Frage der Zeit.

Vadim Zeland: „Transsurfing "

Das Buch *„Transsurfing in 78 Tagen"* ist eine Zusammenfassung von mehreren, umfangreichen Büchern von *Vadim Zeland.* Es ist als Lernbuch konzipiert, in dem über 78 Tage für jeden Tag ein besonderes Thema behandelt und erläutert wird. Es sind Anleitungen zur Realitätsgestaltung unseres Lebens.

Vadim Zeland sieht unsere erste Aufgabe darin, aufzuwachen aus unserem Traum, in dem wir nur passive Mitspieler in einem uns aufgedrängten Schauspiel sind. Wir sollen von der Bühne herabsteigen und uns jederzeit darüber Klarheit verschaffen: „Wo ich bin, was geschieht, was ich tue und warum ich es tue".

Nach seiner Überzeugung sind wir ein Teil Gottes. Wenn wir die Realität nach unserem Willen steuern, erfüllen wir den Willen Gottes. Als ein Kind Gottes, müssen wir uns nur das Recht dazu nehmen. „Beten, fordern und bitten ist sinnlos". Jedes Lebewesen hat die Freiheit und die Macht mitbekommen, je nach seiner Bewusstheit, seine eigene Realität zu erschaffen.

Unsere Lebensaufgabe besteht darin, Mitschöpfer zu sein, gemeinsam mit Gott, was gleichsam auch der Dienst an Gott bedeutet. Die Grundlage für unsere Realitätsgestaltung ist das Erkennen, dass unsere reale Welt ein Spiegelbild von uns selbst ist. Dieses Spiegelbild können wir nur verändern, wenn wir uns selbst verändern.

Der Variantenraum: Eine interessante Besonderheit bei *Zeland* ist der *Variantenraum*. Die Realität ist wie ein Spiegel und hat zwei Seiten. „eine physische, die man mit den Händen berühren kann, und eine metaphysische, die außerhalb unserer Wahrnehmung liegt, aber nicht minder real ist". Die Wissenschaft beschäftigt sich mit der Welt der Gegenstände, die im Spiegel reflektiert wird. Auf der anderen, metaphysischen Seite befindet sich der Variantenraum, eine Informationsstruktur, „in der die Drehbücher aller möglichen Ereignisse aufbewahrt werden". Die Anzahl der Varianten ist unendlich, „Was war, ist und sein wird – alles ist dort aufgezeichnet".

Der Zugriff auf den Variantenraum macht auch die Hellsicht möglich. Das Problem dabei ist jedoch, dass es unendlich viele Varianten gibt, „Man kann Dinge sehen, die nie geschehen sind, und auch Dinge, die nie geschehen werden". Auch im Traum bewegen wir uns im Variantenraum und ebenso wissen wir nicht, ob das Gesehene zur Verwirklichung kommt.

Die Frage ist, wie können wir aus diesem Variantenraum das für uns Beste herausholen und so unsere Realität neu gestalten und verbessern? Nach *Zeland* müssen wir das, was wir zu erreichen wünschen, zunächst auch wollen, müssen es einfordern und zwar bei uns selbst. Wir müssen unsere Einstellung ändern und unsere Denkweise entsprechend ausrichten. Wenn wir in den Spiegel mutlos und hilflos hineinschauen, reflektiert er genau das Bild, wenn wir uns lächelnd und energievoll präsentieren, ändert sich die Reflexion entsprechend.

Zielgerichtete Gedanken sind wichtig, aber mit Denken allein können wir unsere Realität nicht verändern, damit finden wir noch keinen Zugang zum Variantenraum. „Der Mensch ist bestrebt zu denken: Alles soll so sein, wie ich es will. Er versucht, ein einfaches Prinzip auf die Welt anzuwenden: „Wohin ich mich wende, dorthin werde ich auch gehen. Wo ich Druck mache, da komme ich auch durch. Doch aus irgendeinem Grund scheint die Welt nicht mitspielen zu wollen".

„Als Folge dieses Handelns entsteht eine Weltschicht, in der alles nicht so ist, wie ich es wollte". „Befürchtungen bewahrheiten sich, und die schlimmsten Erwartungen gehen in Erfüllung". Besonders dann, wenn Ihre Abneigung, Hass und Furcht „von ganzem Herzen" kommen.

Die Kernaussage in *Zelands Transsurfing* lautet wie folgt: „Die gedankliche Energie, die aus der Einheit von Seele und Verstand geboren wird, macht aus einer Möglichkeit eine Wirklichkeit.

Mit anderen Worten: der Sektor des Varianten-raums, der den Parametern der gedanklichen Aus-strahlung entspricht, materialisiert sich, wenn die Gefühle der Seele mit den Gedanken des Ver-standes übereinstimmen".

Zwei weitere häufige Widerstände können ein positives Ergebnis vereiteln. Zum einen, wenn wir den Dingen oder Eigenschaften eine übermä-ßige Bedeutung zu messen, und zum andern, wenn wir beginnen uns mit anderen zu verglei-chen und Bedingungen stellen wie: „Wenn du dies tust, dann tue ich das".

Zeland sieht die Hauptregel seines *Transsur-fings* im folgendem Gebot: „Gestatte dir, du selbst zu sein, und lass die anderen sein, wer im-mer sie sind".

Jiddu Krishnamurti: „Einbruch in die Freiheit"

Wer sich mit *Krishnamurti* befassen will, sollte etwas über seine Herkunft wissen. Er kam schon sehr jung zur Theosophischen Gesellschaft in Indien und wurde dort im theosophischen Sinne erzogen. Auf Grund seiner besonderen Veranlagung galt er als Hoffnungsträger für die Verbreitung religiöser Wahrheiten und wurde von den Theosophen als der kommende Messias der Neuzeit verehrt. Bereits mit sechzehn Jahren wurde er zum Haupt eines Ordens, der für ihn gegründet wurde.

Achtzehn Jahre leitete er diesen Orden, dann löste er diesen Orden auf und machte sich frei von jeder Bindung. Er verkündete der Welt, dass man sich der Wahrheit nicht durch irgendeine Religion nähern kann. Sein einziges Interesse bestehe darin, „den Menschen absolut, unbedingt frei zu machen".

In seinem Buch „*Einbruch in die Freiheit*" zeigt uns *Krishnamurti*, wie wir in unsere Freiheit einbrechen können und beschreibt das für alle wesentlichen Lebenslagen. Nicht zufällig benutzt er den Begriff „einbrechen", Unsere Freiheit haben wir uns selbst „zugenagelt" und es bedarf schon eines größeren Kraftaufwandes, sich von den lieb gewordenen Gewohnheiten und Überzeugungen zu befreien.

Es ist schon erstaunlich, dass er an keiner Stelle auf einen transzendenten Hintergrund eingeht. Im Gegenteil, er rät dazu, uns ganz auf unser konkretes Leben zu konzentrieren, um es optimal zu gestalten. Da kein Mensch über die Wahrheit und Gott etwas wissen kann, sollten wir uns frei machen von allen religiösen Vorstellungen. Das war nicht nur eine Abkehr von den herrschenden Religionen, sondern auch von den Überzeugungen neuzeitlicher Religionsauffassung, wie zum Beispiel in der Esoterik.

Es wäre aber falsch, *Krishnamurti* als Atheisten einzuordnen. Er stellt ja nicht „Gott und die Wahrheit" in Frage, sondern die Wahrheit der Religionen. Ebenso muss der Begriff „Freiheit" richtig verstanden werden, es geht um die innere Freiheit. Dazu schreibt er: „Wir akzeptieren eine genormte Lebenshaltung als Bestandteil einer Tradition. Wir sind Menschen aus zweiter Hand. Wir sind das Resultat aller möglichen Einflüsse. In uns ist nichts Neues, nichts, das wir selber entdeckt haben".

Krishnamurti sieht unser Lebensziel, und damit auch unsere Lebensaufgabe, allein darin, das uns gegebene Lebenspotential voll auszuschöpfen zum eigenen Wohl und zum Wohl aller, und das aus eigener Erkenntnis, aus eigener Kraft ohne fremde Hilfe, auch nicht „von oben". Um das zu erreichen, müssen wir uns als erstes von allen inneren Bindungen befreien. Jedoch nicht die Freiheit von etwas, sondern die Freiheit des Geistes, alles anzuzweifeln und in Frage zu stellen, sich zu lösen von jeder Art von Abhängigkeit, Anpassung und Anerkennung.

Wie diese Freiheit aussehen soll, schildert *Krishnamurti* für die wichtigsten Lebenssituationen. Die angestrebten Ziele werden ausführlich beschrieben und sind auch nachvollziehbar. Aber die Wege dahin sind leider nicht einfach, sie führen von der Selbsterkenntnis und Achtsamkeit bis zur grundlegenden Verwandlung unserer Vorstellungen.

Wer diese Wege gehen will, muss sich darüber im Klaren sein, dass er dafür keine fremde Hilfe und Anweisungen erhält, er muss es selbst erkennen. *Krishnamurti* weist darauf hin, dass die Frage „Wie kann ich mich verwandeln" nur eine neue Autorität schafft.

Krishnamurti erläutert keine Lebensphilosophie, sondern er behandelt das, was tatsächlich in unserem täglichen Leben geschieht. Auch wenn die eingeforderte Wandlung für die meisten von uns nicht oder noch nicht erreichbar scheint, so gibt es doch viele Ansätze, mit denen wir sofort unser Leben erleichtern und verbessern können. So zum Beispiel seine Zergliederung der Furcht.

Furcht: Zu Recht deklariert *Krishnamurti* die Furcht als eines der größten Lebensprobleme, wer in Furcht lebt, lebt in Verwirrung, wird verkrampft, aggressiv und gewalttätig. Das Problem ist nicht die physische Furcht, diese instinktive Reaktion haben wir mit den Tieren gemeinsam zum Schutz vor Gefahren. Es geht um die psychologische Furcht, um die Ängste, die bei unserem Denken entstehen.

Wir alle sind mit Ängsten belastet. In der heutigen Gesellschaft ist unsere Erziehung auf Wettbewerb ausgerichtet, die uns antreibt, immer der Bessere zu sein, mit der ständigen Angst zu versagen. Was machen wir mit unseren Ängsten? Wir versuchen sie zu verdecken und vor ihnen zu fliehen. Damit können wir uns aber nicht davon lösen und verstärken sogar unsere Ängste. Ein besserer Weg besteht darin, sich zu seiner Angst zu bekennen. Ja zu sagen, ja ich habe Angst. Wenn ich mir meine Angst klar bewusst mache, verschwindet das beklemmende Angstgefühl.

Krishnamurti geht nun einen Schritt tiefer in das Problem Furcht. Er erklärt die Grundlagen der Furcht, warum wir uns fürchten und wie wir uns von der Furcht ganz befreien können. Wir leben und denken nach festgelegten Schablonen, entsprechend unseren Überzeugungen und Dogmen und sind darin fest verwurzelt. Alles was dem entspricht bedeutet für uns Sicherheit, die wir bewahren wollen. Unsere Gehirnzellen haben sich darauf eingestellt und eine Art Sicherungsmodell aufgebaut. Für dieses Modell ist alles Neue voller Ungewissheit. Aus diesem Zwiespalt, aus diesem Prozess, der von der Gewissheit zur Ungewissheit führt, entsteht die Furcht.

Furcht ist ein Produkt des Denkens. Unser Denken ist eine Art „surfen" im Vergangenheitsspeicher unseres Gehirns und basiert daher nur auf Vergangenem. Daher erklärt *Krishnamurti:* „So ist denn das, wovor wir uns fürchten, die Wiederholung des Alten, des Vergangenen, der Gedanke an das, was gewesen ist, projiziert in die Zukunft. Wenn Sie einer Tatsache unmittelbar gegenüberstehen, gibt es keine Furcht. Nur wenn der Gedanke hinzukommt, entsteht Furcht".

Und weiter zum Denken: „Das Denken ist das Echo des Gedächtnisses, der Erinnerungen, die durch Erfahrung, Wissen, Tradition im Laufe der Zeit aufgestapelt worden sind. Von diesem Hintergrund aus reagieren wir, und diese Reaktion ist das Denken".

Wir müssen folgenden Zusammenhang erkennen: Wenn wir uns vor etwas fürchten, empfinden wir die Furcht als etwas Getrenntes von uns. Die Furcht existiert aber nicht irgendwo im Raum, sondern allein bei uns, mit all unserer Erfahrung über die Furcht. Wir selbst sind ein Teil der Furcht und nicht getrennt von ihr.

Krishnamurti erklärt dazu: „Der Beobachter ist Furcht, und wenn das erkannt wird, verschwindet das Zeit-Raum-Intervall zwischen dem Beobachter und dem Beobachteten. Wenn Sie sehen, dass Sie ein Teil der Furcht und nicht getrennt von ihr sind – dass Sie Furcht sind -, dann brauchen Sie dazu nichts zu tun, dann hört die Furcht gänzlich auf".

Das liest sich einfach und gut. Wenn ich mir klar mache, dass ich selbst die Furcht bin, wird es mir bei der nächsten Gelegenheit bereits sehr helfen. Um mich aber gründlich von der Furcht zu befreien, dafür nennt *Krishnamurti* weitere Voraussetzungen: Ich muss vollkommen in der Gegenwart leben und die Zusammenhänge von Denken, Erinnerung und Zeit verstehen und zwar nicht nur mit dem Verstand, sondern auch „mit Herz und Hirn und Eingeweiden"

Gewalt: Auch Gewalt ist ein großes menschliches Problem. Gewaltsamkeit ist uns Menschen angeboren, sie hängt zusammen mit Furcht, Freude und Leid. Gewalt beschränkt sich nicht nur darauf, andere zu töten. „Wir sind gewalttätig, wenn wir ein hartes Wort gebrauchen, wenn wir eine Geste machen, mit der wir einen Menschen abtun".

Der häufigste Gewaltausdruck ist der Ärger. Ich fühle mich berechtigt, wütend oder aufgebracht zu sein, wenn meine Idee, meine Meinung, mein Verein oder auch meine Partei angegriffen werden. Auch wenn sie Ihre Familie oder Ihr Land schützen wollen, zeigt das Ihre gewalttätigen Gefühle.

Was kann man dagegen tun? Wir müssen versuchen, den Ärger sachlich zu betrachten, ohne Rechtfertigung. Das ist schwer, weil er ein Teil von uns ist. Wir müssen erkennen, dass wir nicht objektiv verurteilen und rechtfertigen, sondern nach übernommenen Maßstäben der sozialen Struktur, in der wir leben. Die von uns akzeptierte Tradition sagt uns nicht nur, was wir zu tun oder zu lassen haben, sondern auch, worüber wir uns zu ärgern haben.

Wenn Sie sich das richtig klar machen und wirklich verstehen, werden Sie Ihren Ärger, ohne ihn zu verurteilen, in den Griff bekommen. *Krishnamurti* gibt uns aber für unser Bemühen einen wichtigen Rat:" Es gibt kein Versuchen, Sie können nicht Ihr Bestes tun wollen. Entweder Sie tun es, oder Sie tun es nicht".

Denken

Neulich sah ich einen Fernsehbericht über eine mögliche Entwicklung der Digitalisierung. Bei Google werden alle weltweiten Ereignisse und alles, was angedacht wird, gesammelt und gespeichert. Durch die gegenseitige Vernetzung entsteht ein unbegrenzter Austausch. Mit Google im Mittelpunkt werden wir Teile eines umfassenden Großhirns.

Ob wir uns das wünschen oder nicht, die Entwicklung dahin hat bereits begonnen. Noch müssen wir die Informationen bei Google gezielt abfragen, zum Unterschied bei unserem Gehirn, das uns die Informationen automatisch bereitstellt. Allerdings stammen alle Informationen aus einer vorausgegangenen Speicherung. Eine Besonderheit unseres Gehirns besteht darin, für jede neue Situation, die jeweils zutreffenden Erfahrungswerte bereit zu stellen und zu kombinieren.

Unsere Gedanken sind somit Informationen aus dem Speicher der Vergangenheit. Das bedeutet aber nicht, dass wir nur etwas „Altes" denken, jeder neue Eindruck, jedes gelesene Buch ergänzt und erneuert unseren Informationsspeicher, wir haben daher schon Einfluss auf das, was wir denken. Es ist jedoch wichtig, die Ausgangsbasis unserer Gedanken zu beachten.

Nehmen wir an, Sie stehen vor einer neuen problematischen Situation und fangen an zu denken, dass heißt, Sie öffnen sich den Informationen aus Ihrem Gehirn. Für Ihr Gehirn ist die Situation genau so neu, es kann die neue Situation nur mit ähnlichen Ereignissen aus der Vergangenheit vergleichen. War dieses Ereignis für Sie negativ, wird Ihnen Ihr Gehirn, gewissermaßen als Schutz, entsprechende, negative Gedanken in Ihr Bewusstsein bringen. Die gedankliche Projektion in die Zukunft wird so beeinflusst von der Vergangenheit.

Unter diesem Problem leiden wir alle. Unabhängig davon, wie gut es uns im Moment geht, haben wir Sorgen und Ängste um unsere Zukunft. Sicherlich scheint das in dieser schrecklichen Welt berechtigt zu sein, aber es hilft uns nicht weiter. Der bereits mehrfach erwähnte *Eckhart Tolle* beschreibt in seinem Buch: "Jetzt! Die Kraft der Gegenwart" sehr ausführlich dieses Problem und bietet eine Abhilfe an. Wir können die Gedanken mit Angst und Sorge nicht verdrängen, wir sollen uns aber bewusst machen, dass wir nicht die Gedanken sind – „hier ist der Gedanke und da bin ich", Durch diese Trennung verlieren solche Gedanken die Macht über uns

.Positives Denken

Können Sie positiv denken? Ich glaube das geht nicht, wir können unser Denken, das heißt unser Gehirn. nicht so manipulieren, negative Fakten positiv einzuordnen. Der Kerngedanke ist jedoch richtig. Zum Beispiel können wir bei unserem Mitmenschen mehr das Positive beachten und nicht nur seine Fehler bewerten. Wir haben auch einen freien Willen, uns möglichst viel mit schönen Dingen zu befassen und so unsere positive Stimmung zu erweitern.

Josef Hirt hat in seinem Buch: *„Das Ich und das Gesetz von Lust und Unlust"* dargestellt, dass unser Handeln und Antrieb davon bestimmt wird, in welchem Maße unsere Gehirninformationen positiv oder negativ beladen sind, das heißt, ob unsere Gedanken positiv oder negativ sind. Dazu behauptet er, dass bereits ein geringer Überschuss an positiven Gedanken, unser positives Gehirnpotential überprozentual aufbaut. Für unser positives Empfinden reicht es aus, dass bei der Information der positive Anteil überwiegt. Und nur dieses positive Empfinden wird zurück gespeichert. Dieser Vorgang gilt auch umgekehrt.

Ein solcher Zusammenhang könnte erklären, warum es so verdammt schwer ist, aus einer negativen Phase wieder heraus zu kommen, beziehungsweise warum man eine Glückssträhne hat. Daraus könnte man sogar schließen, dass das esoterische Gesetz der Anziehung, wonach Gutes das Gute anzieht und Böses entsprechend das Böse, sich nur in unserem eigenen Kopf abspielt. Die gesetzmäßigen Zusammenhänge nach *Hirt* erscheinen zwar plausibel, aber seine Schlussfolgerungen sind auch nicht frei von Hypothesen.

Denken wir also nicht selbst und überlassen das Denken unserem Gehirn? Das kann man nicht verneinen, aber entscheidend ist doch etwas ganz anderes: Unser Gehirn, oder besser unser Verstand ist unser genialstes Werkzeug, was er speichert und uns nach Bedarf zur Verfügung stellt, stammt doch alles von uns selbst, abgesehen von ererbten Einlagerungen. Er verwahrt das, was wir gesehen, gehört und erlebt haben, einschließlich der jeweiligen Empfindungen. Er kann das alles sogar sortieren und kombinieren. Wir sagen ja auch, unser Verstand sagt uns das oder das. Zum Beispiel sprechen wir beim Fotografieren auch von unseren Bildern, wir haben sie gemacht, der Apparat war nur ein Hilfsmittel.

Und was wir sehen, hören und erleben bestimmen wir doch weitgehend selbst, wobei unser Verstand dabei nicht ganz unbeteiligt ist. Wenn wir „gedankenlos" eine Blume betrachten, sehen wir sie wirklich in ihrer Schönheit und Lebendigkeit. Wenn wir dann anfangen zu denken, beginnen wir, sie zu beurteilen nach Maßstäben aus der Vergangenheit.

Wie bereits oben geschildert, kann das Gedankengut aus der Vergangenheit uns sehr belasten. Nur aus diesem Grund wird so viel Wert auf eine Trennung von Verstand und dem Selbst gelegt, ich bin nicht der Verstand, sondern ich habe einen Verstand, der mir hilft zu leben.

Die Fähigkeit des Denkens, ist die größte Macht des Menschen, genauer gesagt, die hohe Qualität des menschlichen Denkens, denn auch Tiere denken. Denken ist die dynamische Energie unseres Bewusstseins, aus Denken resultiert Handlung. Unser Denken ermöglicht uns nicht nur einen vernünftigen Tagesablauf, es versetzt uns auch in die Lage, Vorsorge zu betreiben, uns zu schützen, Verantwortung zu übernehmen und nach neuen Möglichkeiten zu suchen. Das alles funktioniert reibungslos. Wenn wir uns bemühen, können wir alles erreichen , was wir wollen. Es sei denn, unsere jeweiligen Lebensumstände lassen das nicht zu und begrenzen erbarmungslos unsere Möglichkeiten.

Erfolgreich denken

Dazu die große Frage: können wir diese realen Umstände durch Denken beeinflussen und verändern? Haben unsere Gedanken die Kraft, auf die Realität einzuwirken? Dafür muss die Antwort aufgeteilt werden: Für den materiellen Bereich kommt von mir ein klares Nein. Auch die so genannten Materialisationen halte ich für einen Mythos oder sie basieren auf trickreichen Zusammenhängen. In meinem geistigen Bereich kann ich allerdings durch folgerichtiges Denken, wesentliche Voraussetzungen aufbauen, die ein erfolgreicheres Leben möglich machen.

Wenn der „Urvater" der Erfolgsbücher, *Napoleon Hill* mit seinem Buchtitel auffordert: „Denke nach und werde reich", geht es ja nicht darum, auf direktem Wege, Reichtum herbei zu denken. Der Appell ist an unseren Geist gerichtet, richtig und zweckdienlicher zu denken. Im Bereich der geistigen Realität kann das Denken ein einflussreicher Machtfaktor sein. Mit „richtigem" Denken und folgerichtigen Handlungen kann ich die Grenze des Machbaren erreichen, aber kann ich darüber hinaus gelangen?

Aber gerade das, verspricht *Charles F. Haanel* in seinem Lehrbuch: „*Das Master Key System*".

In seiner Einführung schreibt er: „Bewusstsein ist kreativ, Bedingungen, Umwelt und alle Erfahrungen im Leben sind das Ergebnis unserer gewohnten und vorherrschenden mentalen Haltung. Die Haltung des Bewusstseins hängt notwendigerweise von dem ab, was wir denken. Deshalb hängt das Geheimnis aller Kraft, aller Errungenschaft und allen Besitzes von unserer Denkmethode ab".

Haanels Lehrbuch bietet eine geniale Einführung in die Zusammenhänge von Denken und Bewusstsein und deren Auswirkung auf unsere Lebensgestaltung. Um dies auch nutzen zu können, müssen wir erst einiges bei uns selbst ändern und verbessern. Wir müssen erst „sein", bevor wir „tun" können. Das heißt, lesen und lernen allein reicht nicht, wir müssen von den Zusammenhängen auch überzeugt sein und das ist nicht ganz einfach.

Um das Mehr als das Übliche zu erreichen, sollen wir die Funktion unseres Unterbewusstseins richtig nutzen. Nach *Haanel* erfüllt das Unterbewusstsein zwei unterschiedliche Aufgaben. Zum einen steuert es unsere vitalen Lebensvorgänge und zum anderen ist es das Bindeglied zwischen uns und dem universalen Bewusstsein.

In dieser Funktion setzt es unsere Gestaltungsvorstellungen um, beziehungsweise reicht sie weiter an das universale Bewusstsein. Dabei unterscheidet es nicht zwischen positiven und negativen Vorstellungen. Wir können frei wählen, was wir denken, aber das Resultat entspricht dem, was und wie wir denken, ob konstruktiv oder destruktiv.

Haanels System ist eine optimale Schulungsmethode, unser Denken effektiver zu gestalten. Der Verbindungsweg zum universalen Bewusstsein über das Unterbewusstsein könnte eine Erklärung für die Herkunft einer Intuition sein. Er betont zwar, dass sein System wissenschaftlich begründet ist, seine Schlussfolgerungen basieren aber an vielen Stellen auf Hypothesen. Auch einige Zusammenhänge sind heute überholt. So vermischt er zum Beispiel Bewusstheit und Denken, wenn er folgert: „Da es nur eine Bewusstheit im Universum gibt, die fähig ist zu denken, folgt notwendigerweise, dass deine Bewusstheit mit der universalen Bewusstheit identisch ist".

Denken und Gesundheit

Für unserer Gesundheit kann „positives Denken", entgegen der weiter oben vorgenommen Abminderung, schon wertvoll sein. Hier ist es jedoch mehr ein Gefühl, das auf Vertrauen basiert, Vertrauen auf unseren Körper und vor allem auch Vertrauen zum Arzt. Wie sich das auswirkt, zeigen am deutlichsten die Versuche mit Placebos. Wie kann es möglich sein, dass ein nur angeblich verabreichtes Medikament eine ähnliche Wirkung hat, wie ein tatsächlich gegebenes Medikament?

Dazu muss man verstehen, wie Medikamente tatsächlich wirken. Medikamente können nicht heilen, heilen kann sich unser Körper nur selbst. Sie können fehlende Bausteine ersetzen und unerwünschte Eindringlinge vernichten. Aber in erster Linie besteht die Wirkung von Medikamenten in der Unterstützung und Anregung unserer vitalen Lebensvorgänge.

Aus der homöopathischen Behandlung ist bekannt, dass je höher die Verdünnung, das heißt, je weniger Stoffanteile verabreicht werden, umso besser die Wirkung ist. Entsprechend meiner eigenen Erfahrungen, bin ich von der Wirksamkeit der homöopathischen Mittel überzeugt. Aber die Wirksamkeit von sehr hohen Verdünnungen, so genannte „Hochpotenzen", grenzt schon an eine Placebo Wirkung.

Wenn nach einer sehr hohen Verdünnung keine molekulare Substanz mehr vorhanden ist, basiert die Wirksamkeit allein auf der integrierten Information, das heißt auf einer geistigen Ebene. Bei der Homöopathie stammt die Information aus dem ausgewählten Mittel. Beim Placebo gebe ich selbst die Information an mein vegetatives Inneres, beziehungsweise reiche ich die Information des Arztes weiter.

Dass Denken, Gefühle und Überzeugungen einen Einfluss auf unsere Gesundheit haben können, ist allgemein bekannt. Trotzdem beachten wir solche Einflüsse in unserem Alltag viel zu wenig. Wenn ich mich bei jeder Unpässlichkeit schon „richtig" krank fühle und sofort Schlimmeres befürchte, besteht die Gefahr, tatsächlich schwerwiegender zu erkranken. Unser Körper beurteilt nicht, er nimmt uns, beziehungsweise unsere Gedanken „beim Wort".

Wie sensibel unser Körper reagiert, zeigt eine Studie über die Auswirkungen von ärztlichen Aussagen und Beurteilungen. Wurde das verschriebene Medikament glaubwürdig sehr hoch belobt und baldige Besserung versprochen, erzielte das Medikament maximale Wirkung. Dem gegenüber blieb das gleiche Medikament, bei vergleichbarer Erkrankung fast wirkungslos, nach dem es in der Art: „Probieren Sie es mal, ich hoffe es hilft" verschrieben wurde. Zu dem verursachte es auch noch die Nebenwirkungen, auf die bei der Verschreibung besonders hingewiesen wurde.

Meditation: Auch Meditation kann zu unserer Gesundheit beitragen, vor allem aber unsere Intuition fördern. Lassen Sie sich nicht von der immer noch verbreiteten Meinung abschrecken, Meditation sei ein Ersatz für den Gottesdienst oder der Weg zur Erleuchtung. Meditation, die ich meine, ist etwas ganz Einfaches und frei von religiösen Mythen. Wenn Sie gerne Musik hören und sich darin vertiefen, ist das schon Meditation. Das gilt ebenso für das Lesen eines fesselnden Buches und sogar für jede andere Tätigkeit, wenn Sie dabei ganz „bei der Sache" sind.

Es geht darum, nicht das Denken aus zu schalten, sondern nur die umher schwirrenden Gedanken aus zu grenzen, indem Sie sich nur auf eine Sache konzentrieren, oder genauer gesagt, achtsam sind. Konzentrieren heißt, sich zu zwingen und das sollte nicht sein. Im Duden fand ich unter Meditation, den Begriff „nachsinnen". Das entspricht am ehesten meiner Art zu meditieren. Ich wähle ein mir angenehmes Wort und „sinne" dem nach. Zum Beispiel denke ich das Wort „Frieden", lasse es ausklingen und wiederhole es ein paar Mal, nur das Wort ohne Vorstellungen. Dabei wird aus dem Denken mehr ein Hineinfühlen.

Es gibt viele einfache Möglichkeiten zu meditieren und wenn Sie es so mögen, können Sie den Vorgang auch mit Räucherstäbchen und Hintergrundmusik feierlicher gestalten, erforderlich ist das aber nicht. Entscheidend ist, dass Sie den stressigen Tagesablauf für einige Minuten unterbrechen und in Ruhe auch Ihre innere Ruhe suchen. Dadurch entspannen wir nicht nur unser Nervenkostüm, sondern entlasten auch sämtliche Körperfunktionen.

Wünschen

Nach meiner Erfahrung werden Wünsche nicht erfüllt, zumindest nicht nach den vielfach angepriesenen Mustern. Ein typisches Beispiel ist die Wunscherfüllung nach *Josef Murphi*. Mit seinen Büchern und Vorträgen über die Macht des Unterbewusstseins hat er weltweit die Massen begeistert, ich gehörte damals auch dazu. Das Wesentliche an seinem Prinzip war, dass man sich das Gewünschte als bereits erreicht, möglichst intensiv vorstellen sollte.

Trotz der weiten Verbreitung in meinem Umfeld, konnte mir niemand einen Erfolg bestätigen. Neben der Frustration gab es sogar Fälle, wo mit dem Bemühen das Gegenteil erreicht wurde.

Murphis Theorie ist eigentlich nicht falsch, aber die Voraussetzungen konnten nicht erfüllt werden. Es schien so einfach, aber das Bemühen, die erforderliche Überzeugung zu bekommen, löst zwangsweise eine unbewusste Angst aus, doch scheitern zu können. Die eigene Überzeugung, ein Wunschbild als Tatsache anzusehen, kann man nicht erzwingen.

Zu Ehren *Murphis* muss aber auch erwähnt werden, dass seine Methode dazu beigetragen hat, dass die USA bei der Olympiade im eigenen

Land unerwartet viele Goldmedaillen erringen konnte. Hier waren die Voraussetzungen vorhanden, die eigene Überzeugung von Erfolg aufzubauen und zu festigen. Neben dem intensiven Training wurde fortdauernd den Athleten eingeflößt, dass sie die Sieger sind, staatlich gefördert und gesellschaftskonform.

Hier kamen mehrere Erfolgsfaktoren zusammen. Es war kein einfaches Wunschdenken, sondern ein längerfristiges Erfolgsprogramm mit eigenem Tun. Die Überzeugung tatsächlich siegen zu können und das Selbstvertrauen dazu, entwickelte sich ganz natürlich mit der Zunahme der eigenen Leistungsfähigkeit. Im heutigen Leistungssport sprechen wir auch von so genannten Siegertypen, die damalige USA Mannschaft bestand nur aus Siegertypen.

Eigene Erfahrungen: Wie bereits gesagt, glaube ich nicht an die Erfüllung von Wünschen. Allerdings gibt es wohl einige Zusammenhänge zwischen den Wünschen aus innerer Einstellung oder Überzeugung und den entsprechenden Ereignissen.

Zum Beispiel begann ich meine berufliche Tätigkeit in der Firma meines „reichen" Onkels. Mein Onkel war sehr geschickt darin, Menschen mit Geld oder Geschenken zu manipulieren und auszunutzen. Das hat mich so angewidert, dass ich mir damals fest vornahm, nie so viel Geld zu haben, um ähnlich zu handeln. Trotz zunehmender Berufserfolge und gut bezahlter Positionen blieb ich in den folgenden zwanzig Jahren, wie von mir damals gewünscht, richtig „arm". Aus den verschiedensten Gründen reichte das Geld kaum für einen größeren Urlaub.

Natürlich habe ich dann versucht, aus dieser Klemme heraus zu kommen. Aber alles Bemühen blieb erfolglos, Ich habe mir immer wieder eine bestimmte, hohe Geldsumme vorgestellt, die ich zu verdienen wünschte, dazu Programme ausgearbeitet und viele Wunschmethoden ausprobiert. Nach einiger Zeit habe ich dieses Spielchen beendet und meine Wunschträume abgehakt. Ich entwickelte mein technisches Können in Ruhe weiter.

Völlig unerwartet trat dann aber eine Wende ein. Meine Mithilfe war gefragt und die neue Aufgabe wurde sehr hoch dotiert. Ich bekam das Einkommen, das ich mir etwa zehn Jahre vorher ausgedacht hatte. War das nun eine Wunscherfüllung nach so vielen Jahren?

Es sieht zumindest so aus, möglicherweise können Wünsche erst erfüllt werden, wenn man sie vergessen hat. Wie lange bleiben Wünsche wirksam, und kann man sie notfalls wieder auflösen? In meinem Fall sah das so aus: Als ich dann über längere Zeit ein sehr hohes Einkommen hatte, überredete mich meine Bank in Steuermodelle zu investieren und entsprechend kaufte ich mehrere Wohnungen zu überhöhten Preisen. Von dem bekannten Preisverfall solcher Wohnungen, wurde ich dann auch betroffen. Mit dem Verlust der Wohnungen, verlor ich so auch meinen Geldüberschuss. Ich befürchte, dass mein Jahrzehnte zurückliegender Wunsch, nicht zu viel Geld zu besitzen, mein Verhalten immer noch beeinflusst hatte.

Seltsamerweise gehen kleine Wünsche häufig doch in Erfüllung, allerdings nur, wenn wir sie nicht zu wichtig nehmen. Der Wunsch einen guten Parkplatz zu finden, klappt fast immer, auch in einer überfüllten Innenstadt. Dies gelingt mir aber meist nicht, wenn ich unter Termindruck stehe und unbedingt einen nahe gelegenen Parkplatz benötige. Hier scheint die Wichtigkeit unsere innere Überzeugung aufzuweichen. Dass diese „Parkplatzbestellung" tatsächlich so funktioniert, das haben mir schon viele bestätigt, aber eine überzeugende Erklärung, warum dies funktioniert, fehlt mir noch.

Ein Zusammenhang zwischen möglicher Wunscherfüllung und Notwendigkeit scheint aber zu bestehen: Wünsche können nur dann erfüllt werden, wenn die Überzeugung, dass der Wunsch erfüllt werden kann, größer ist als die Notwendigkeit der Wunscherfüllung. Im umgekehrten

Fall besteht die Gefahr, genau das Gegenteil zu bewirken. Das könnte auch dazu passen, dass Reiche reicher werden und Arme immer ärmer.

.

Man kann auch wunschlos glücklich sein. Das ist zwar eine häufige Floskel und meist auch nicht ernst gemeint. Allerdings besagen einige Weisheitslehren, dass wir alles Wünschen, Streben und Suchen aufgeben müssen, um uns selbst zu finden und von allem unabhängig zu sein. Das mag im höheren Alter, wenn bestimmte Ziele bereits erreicht sind, eine machbare Alternative sein. Zunächst einmal haben wir ganz natürlich die Wünsche, unser Leben, unsere Lebensgestaltung zu verbessern.

Dabei sollten wir uns aber nicht auf übersinnliche Methoden verlassen und zum Beispiel beim Universum Bestellungen aufgeben. Wir müssen unsere Wünsche an uns selbst richten, bei uns selbst einfordern. Die Erfüllung, die Manifestation von Wünschen kann nur im Rahmen der Naturgesetze erfolgen. Es fällt nichts vom Himmel, es geschieht allein über unser eigenes, entsprechend ausgerichtetes Handeln.

Wir müssen es auch wollen und uns öffnen für die eigene Intuition. Hektisches Bemühen und Betriebsamkeit sind da fehl am Platz, sie vernebeln nur unsere Möglichkeiten. Mit Stille und erhöhter Achtsamkeit können Sie am ehesten Ihre Intuitionen wahrnehmen. Und verschließen Sie sich nicht gegen etwas Neues durch unangebrachte Ängste. Sie können darauf vertrauen, dass Sie über das erforderliche Potential verfügen, beanspruchen Sie es jetzt.

Lieben

Was ist Liebe?

Für *Taylor Moone* ist die Liebe ein Zustand, in dem wir frei sind von Absichten und Urteilen. Für ihn ist Liebe weder äußere Zuwendung noch ein inneres Gefühl. Dieser schwer erreichbare Zustand entspricht dem, was wir uns unter „bedingungsloser Liebe" vorstellen.

Für *Krishnamurt*i hat Liebe eine andere, eine besondere Dimension, zu der wir nur dann einen Zugang finden, wenn wir alles auslöschen, was wir unter Liebe verstehen. Er preist das Besondere, die Schönheit der Liebe, aber dämpft unsere Erwartungen, wenn er schreibt: „Wenn Sie das alles aus sich entfernen können, nicht durch Zwang, sondern indem Sie diese Dinge fortspülen, so wie der Regen den Staub vieler Tage von einem Blatt wäscht, dann werden Sie vielleicht zu jener Blume hinfinden, nach der der Mensch immer hungert".

Mit diesem Hintergrund könnte man jetzt sagen, dass wir das Wort „Liebe" in allen möglichen Varianten missbrauchen. Aber ich sehe das nicht so kritisch. Zum einen ist die „wahre" Liebe zwar keine Utopie, jedoch eine Dimension zu der wir uns erst hinfinden müssen. Sie ist in jedem

Fall erstrebenswert und kann unser Leben glücklicher gestalten. Zum anderen ist der Begriff „Liebe" fester Bestandteil unseres Sprachgebrauchs und drückt etwas Positives aus. Warum sollte ich nicht sagen. „Ich liebe meine Familie, mein Haus oder mein Auto", wenn ich damit meine positiven Gefühle dafür ausdrücken möchte?

Liebe in der Partnerschaft

Kritisch wird dieser Sprachgebrauch allerdings in der Partnerschaft. Wenn mich mein geliebtes Auto im Stich lässt, wird es verschrottet. Vielleicht habe ich bereits vorher mit einem anderen Auto „geliebäugelt". In der Partnerschaft hat Liebe eine viel umfassendere Bedeutung. Sie reicht von Zuneigung über Dauer und Treue bis hin zum Besitzanspruch. Hier wird der Begriff Liebe sehr strapaziert und häufig missbraucht, obwohl er gerade hier einen sehr hohen Stellenwert hat.

Wenn Sie sagen, dass Sie Ihren Partner lieben, mag das gefühlsmäßig stimmen, aber in Wirklichkeit machen Sie Ihre Liebe von Bedingungen abhängig. Sie werden ihn lieben, solange er Ihnen gehört und solange er Ihre sexuellen oder anderen Wünsche erfüllt. Sobald diese Bedingungen nicht mehr erfüllt werden, mögen Sie ihn nicht mehr und werden ihn vielleicht sogar hassen.

Diese Problematik gilt für die meisten Partnerschaften. Häufig sind es nur kleine Dinge, die unsere Erwartungshaltung verletzen und zu Streit und zum Auseinanderleben führen. Sicherlich wäre die „bedingungslose Liebe" die beste Voraussetzung für ein glückliches Zusammenleben. Aber das ist für die meisten noch sehr schwierig und setzt eine höhere Bewusstseinsentwicklung voraus und eher im höheren Alter möglich, wenn die Wünsche weniger werden.

Da die bedingungslose Liebe nicht oder noch nicht umgesetzt werden kann, empfehle ich, nach Abklingen der „Verliebtheit" das Wort Liebe möglichst nicht mehr zu benutzen. Anstelle von Liebe, sollte innere Verbundenheit und gegenseitige Achtung bewusst und vorrangig das Zusammenleben bestimmen.

In dieser Verbundenheit sollten auch die Wünsche und Bedürfnisse des Partners beachtet werden. Gerade im sexuellen Bereich kommt es häufig zu unterschiedlichen Bedürfnissen der Partner. Aus traditioneller Scheu will man darüber nicht reden, reagiert aber überempfindlich, wenn der Andere auf Andeutungen nicht eingeht. Durch eine offene Abklärung der gemeinsamen Möglichkeiten, könnten sehr viele Zerwürfnisse und Trennungen vermieden werden.

Das „Feuer" der Liebe, das verliebt sein, hat nur einen begrenzten Bestand. Unsere Vorstellung, oder richtiger unser Wunschtraum von der „ewigen" Liebe in einer Partnerschaft ist eine Illusion. So ist der häufige Vorwurf: „Du liebst mich nicht mehr" ein irreführender Anspruch, der unnötigerweise die Partnerschaft zerstören kann. Wenn allerdings die innere Verbundenheit und die gegenseitige Achtung nicht mehr vorhanden sind, kann es besser sein, sich zu trennen.

Worin unterscheidet sich „verliebt sein" von der Liebe? In unserer allgemeinen Vorstellung von Liebe ist „verliebt sein" der Inbegriff von Liebe. Ich muss nicht erläutern, welche wunderbaren Glücksgefühle damit einhergehen. Aber ist das tatsächlich Liebe, oder nur ein berauschendes Begehren, das uns die Sinne trübt?

Nüchtern betrachtet ist das „verliebt sein" ein kultiviertes Vorspiel zur Paarung. Ähnliches geschieht auch in der Tierwelt, wobei wir die Gefühle der Tiere nur erahnen können. Dieser Vergleich ist keineswegs negativ gemeint, er soll unterstreichen, das dieser Vorgang naturbedingt, und wenn Sie wollen auch gottbedingt ist, zur Erhaltung des Lebens.

Es gibt dabei aber eine wesentliche Unterscheidung zwischen Mensch und Tier. Im Gegensatz zur gängigen Meinung, kann der Mensch entscheiden, ob er sich verliebt oder nicht. Es geht nicht um die Zuneigung zum Anderen, die entsteht von selbst. Aber der Übergang zur Verliebtheit ist von meiner Entscheidung abhängig. Eine solche Entscheidung geht gegen aufkommende Wunschgefühle und muss daher rechtzeitig erfolgen. Teenager sind weniger dazu in der Lage und werden eher ihren Gefühlen folgen.

In vielen Partnerschaften passiert jedoch folgendes: „Schatz, es tut mir so leid, aber ich habe mich in eine andere verliebt". Fast kommen dabei schon die Tränen, bei diesem Schicksalsschlag aus heiterem Himmel. Aber so ist das nicht. Bis auf einige Ausnahmen geht dem immer eine nicht befriedigende Beziehung voraus, die eine Öffnung für eine neue „Liebe" verursacht.

Die Macht der Liebe in dieser Form gibt es nicht, auch wenn sie von der Gesellschaft eher akzeptiert wird. Es sind unbefriedigte Bedürfnisse, die nach Erfüllung drängen. Aber noch einmal, die Entscheidung, ob ich mich verlieben will, liegt allein bei mir.

Nun könnte man einwenden, dass die Liebe nicht auf eine Person beschränkt werden kann: „Wenn du jetzt noch eine andere liebst, warum kannst du mich nicht weiter lieben, warum dann Trennung?" Natürlich kann das nicht funktionieren, hier wird deutlich, dass Liebe nicht gleich Liebe ist. Das allgemein gültige Verständnis für die Liebe in einer Partnerschaft ist absolute Zweisamkeit, ehelich verbürgt. Jede Abweichung davon bringt Probleme. Von der erstrebenswerten bedingungslosen Liebe ist dies aber leider weit entfernt. Die Liebe in einer Partnerschaft ist eben eine besondere Art von „Liebe".

Sexualität

Zur „Liebe" in der Partnerschaft gehört naturbedingt die Sexualität. Zur Erhaltung seiner Art
ist für jedes Lebewesen die Sexualität lebensnot-
wendig. Dementsprechend ist das Paarungsbe-
dürfnis als selbstständig agierende Funktion in
jedem Körper integriert. Als Belohnung und zu
weiterer Anregung ist zudem die Paarung mit
besonderen Glücksgefühlen verknüpft. Dieser
Zusammenhang rechtfertigt aber nicht, die Sexualität des Menschen nur auf die Fortpflanzung zu
beschränken, wie es zum Beispiel die Kirche fordert und dem gemäß Verhütungsmittel verbietet.

Im Gegensatz zum Tier ist der erwachsende
Mensch ohne Unterbrechung paarungsbereit bis
ins hohe Alter. Nichts spricht dagegen, die Sexualität auch als Geschenk der Schöpfung zu sehen,
beziehungsweise als höhere Entwicklung in der
menschlichen Evolution zu betrachten.

Krishnamurti unterstreicht das mit dem folgenden Zitat: „Die Kirche hat die Liebe auf ihre
Art definiert, die Gesellschaft auf eine andere.
Überall in der Welt haben die so genannten Hei-
ligen behauptet, dass es unheilvoll sei, eine Frau
anzusehen, dass man Gott nicht näher kommen
könne, wenn man der Sexualität fröne. Indem sie
aber die Sexualität verneinen, ist es gerade so, als
ob sie sich die Augen ausstechen und die Zunge

ausrissen, denn sie verneinen die ganze Schönheit der Erde. Sie haben Herz und Geist verkümmern lassen, sie sind ausgetrocknete menschliche Wesen, sie haben die Schönheit verbannt, weil die Schönheit mit dem Weiblichen verbunden ist".

Nun hat sich in unserer heutigen Kultur und auch in der christlichen Religion die Einstellung zur „Weiblichkeit" weitgehend normalisiert, wenn auch die Gleichberechtigung von Mann und Frau in vielen Bereichen noch nicht erreicht ist. Noch immer werden die Jungen zum Helden erzogen und die Mädchen zur Duldsamkeit. Der unterschiedliche Anspruch basiert auf einer tausendjährigen Tradition und wird sich nur langsam verändern. Die „Liebesdienerinnen" aus alten, überholten Kulturen finden wir heute noch in unseren Bordellen.

Auch die allgemeine Einstellung zur Sexualität hat sich wesentlich verändert. Vor einigen Jahren boomte die Aufklärungsliteratur, jeder konnte jetzt nachlesen oder in Filmen nachsehen, wie die Sexualität „funktioniert". Trotzdem ist die Sexualität immer noch ein Tabu-Thema, über das man möglichst nicht spricht, leider auch nur selten in der intimen Partnerschaft. Ohne einen gegenseitigen Austausch werden allgemeine Empfehlungen und Meinungen übernommen, und die sind nicht immer richtig. So zum Beispiel die Diskriminierung von Sex im Alter.

Sex im Alter sei hässlich, das las ich bei einem so genannten Weisheitslehrer. Andere empfahlen, mit zunehmendem Alter die Sexualenergie zu sublimieren, das heißt, den Sex zu vergeistigen und auf die Ausführung zu verzichten. Solche Ansichten sind nicht nur unsinnig, sondern gefährden sogar die Gesundheit.

Zum einen bleibt der Sexualtrieb auch im höheren Alter weiter erhalten, wenn auch etwas abgemindert. Was sollte da hässlicher sein als in jungen Jahren? Zum andern besteht beim Mann die Gefahr, ernsthafte Probleme mit seiner Prostata zu bekommen, wenn er den Sexualakt unterdrückt, beziehungsweise sein Interesse daran verliert. Die Auswirkungen dieses Zusammenhangs habe ich in meinem Umfeld mehrfach erlebt.

Bedingungslose Liebe

Liebe hat für uns Menschen ein weites Feld und reicht von Zuneigung und verliebt sein, bis zur bedingungslosen Liebe. Nichts davon ist minderwertig, alles entspricht unserer Menschlichkeit. Der Unterschied besteht darin, dass wir erst in der bedingungslosen Liebe zur inneren Ruhe kommen und ein ausgeglichenes Leben miteinander führen können.

Die bedingungslose Liebe fällt uns zunächst schwer, aber wenn wir bereit sind, unsere Erfahrungen ernst zu nehmen und daraus lernen, hilft uns unser Verstand diesem Zustand näher zu kommen. Wir müssen zunächst gedanklich von der tiefen Bedeutung überzeugt sein und kritisch beachten, wie anfällig unsere Liebe ist, wenn erwartete Bedingungen nicht erfüllt werden. Erzwingen lässt sich das nicht, aber die Entwicklung dahin ist auch ohne Gottes Hilfe für jeden möglich.

Über zehn Millionen in Deutschland kennen bereits die bedingungslose Liebe, es sind die Katzenliebhaber. Damit möchte ich die Hundeliebhaber nicht ausschließen. Aber es gibt für unsere Betrachtung zwischen Hund und Katze einen wesentlichen Unterschied. Ich unterstelle der Katze, dass ihr maßgeblicher Antrieb darin besteht, Futter oder Streicheleinheiten zu bekommen. Wenn sie allein gelassen war, kommt sie uns zwar entgegen, ist aber nur neugierig, ob für sie etwas mitgebracht ist. Ansonsten gibt sie sich störrisch und beleidigt, von Wiedersehensfreude keine Spur. Und trotzdem lieben wir sie von ganzem Herzen. Zwangsläufig bedingungslos, da sie unsere Bedingungen ignoriert.

Auch der Hund freut sich über Futter und Streicheleinheiten, aber sein Verhalten ist anders. Offensichtlich liebt er uns, seine Wiedersehensfreude ist kaum zu bremsen. Er lässt sich erziehen und befolgt unsere Bedingungen. Er beschützt und verteidigt uns und bleibt uns treu bis zum Grab. Dem entsprechend liebt auch der Hundeliebhaber seinen Hund von ganzem Herzen, aber auch bedingungslos?

Wenn die bedingungslose Liebe zu einer Katze möglich ist, sollte sie auch dem Menschen gegenüber möglich sein. Dazu bedarf es nicht der Gnade Gottes. Es sind unsere eigenen Erwartungen und Vorstellungen, die uns dabei im Wege stehen. Wir empfinden diese Einstellung infolge unserer Erziehung und Lebenserfahrung als normal und es fällt uns schon schwer sie in Frage zu stellen. Zudem betrachten wir die Liebe vorrangig als eine emotionale Zuneigung, die wir willentlich kaum beeinflussen können. Dieses „verliebt sein" kann uns sehr glücklich machen und wir sollten es auch genießen. Aber solche Liebe ist weder bedingungslos noch teilbar und so immer gefährdet.

Liebe nur ein Begriff?

Nach unserem Sprachgebrauch können wir alles Mögliche lieben, in vielen Varianten und mit unterschiedlicher Intensität. Zugegeben, wenn ich von Liebe spreche, scheint mich jeder sofort zu verstehen. Aber in Wirklichkeit weiß keiner so recht was Liebe ist. Sie kennen die netten Sprüche: Liebe ist, wenn man das tut oder lässt und ähnliches. Liebe ist ein abstrakter Begriff, der nur unzureichend mit Umschreibungen definiert werden kann. Auch die Definitionen der Weisheitslehrer sind nur Andeutungen und sagen nicht aus, was Liebe „ist".

Wenn wir sagen, Liebe „entsteht" aus Zuneigung, ist Liebe eine Steigerungsform von Zuneigung. Wenn ich etwas liebe, könnte ich auch sagen, ich mag etwas sehr gern, danach wäre lieben eine Steigerungsform von mögen. Das klingt vielleicht nach Haarspalterei, aber ich bezweifle ernsthaft, ob es „die Liebe" überhaupt gibt. Ist Liebe im Grunde nur ein Synonym, ein Sammelwort für einige Steigerungsformen, ohne eigene Substanz und Eigenwert?

Bei den Tieren verwenden wir statt Liebe den Begriff „Instinkt". Es sei denn, wir vermenschlichen unsere Haustiere. Der Hund ist lieb, wenn er gehorcht. Beide Begriffe beinhalten ähnliche

Verhaltensweisen. Der Unterschied besteht darin, dass wir Menschen auf dem Evolutionsweg unsere Verhaltensweisen „kultiviert" haben, aus zweckdienlichen Gründen, entsprechend der Weiterentwicklung unserer Vernunft. Waren Kannibalen keine, oder noch keine Menschen, weil sie sich ähnlich wie Tiere verhielten und sich gegenseitig verspeisten? Oder war ihre kulturelle Entwicklung nur rückständig?

Ich folgere daraus, dass Liebe ein Begriff für eine besonders kultivierte Verhaltensweise im Zusammenleben von uns Menschen ist. Zu Recht kann man sich an diesem Kulturgut erfreuen, kann es auch lobpreisen. Aber kann man es auch anbeten? Wenn gemeinsam gesungen wird: „Ich bete an die Macht der Liebe", wird es unheimlich feierlich und tief ergriffen kommen die Tränen. Diese üblich gewordene Zeremonie bei einem Ehre bietenden Abschied, mag für viele ein schönes Erlebnis sein, aber für viele nur eine Pflichterfüllung.

Etwas schwieriger wird es bei der Verknüpfung von Gott und Liebe und wenn Liebe zur Himmelsmacht wird. In den Religionen gibt es für diese Verknüpfung die unterschiedlichsten Varianten. Sie reichen von Gott gleich Liebe und alles ist aus Liebe erschaffen, bis zum Schöpfer, der selbst keine Liebe schöpfen kann, die muss sich erst in seinen Geschöpfen entwickeln. Eine andere Variante besagt, Gott möchte bedingungslos von seinen Geschöpfen geliebt werden und das sei das alleinige Ziel der Schöpfung.

Ich sehe keinen Ansatzpunkt, einer dieser Varianten zu folgen. Das sind fromme Wunschträume und Vorstellungen, die immer noch auf dem alten Gottesbild vom liebenden Vater basieren. Eine höhere Macht, die ich nicht kenne und die ich mir auch nicht vorstellen kann, die kann ich nicht lieben. Wer das von sich behauptet, lebt in einer Phantasiewelt.

Wenn ich von der Existenz dieser höheren Macht überzeugt bin, kann ich sie als etwas Besonderes achten, kann mich öffnen und versuchen, eine innere Verbundenheit aufzubauen. Vielleicht kann ich auch dankbar sein und beten, aber das alles hat mit Liebe nichts zu tun.

Sündigen

Was ist Sünde? Die einzige Sünde die es gibt, ist die Dummheit, mit dem Leben nichts anfangen zu können und es so zu vergeuden. Diese Aussage findet sich bei vielen Weisheitslehrern und ist auch meine Überzeugung.

In den Religionen hat Sünde und Buße bekanntlich eine ganz andere Bedeutung. Neuzeitliche Christen, wie *Rut Björkman* betrachten zwar die Erbsünde als Irrglauben, wandeln aber die Bedeutung der Sünde nur ab in den Begriff „Absonderung". Das heißt, die Menschheit hat sich abgesondert vom Plan und Willen Gottes und muss sich den christlichen Lehren entsprechend ändern.

Trotzdem wäre eine Reformation der Religion im Sinne der „Neuchristen" ein sinnvoller Fortschritt und zurzeit die einzige Alternative. Eine sofortige Abschaffung der christlichen Religion ist zwar ohnehin nicht möglich, wäre aber auch wenig sinnvoll. Unsere Erziehung, unser gesellschaftliches Zusammenleben, unsere gesamte „Kultur" ist mit der christlichen Religion so verknüpft, dass dies alles alternativlos zusammenbrechen würde.

Die Bedeutung der Religion schrumpft in unserer Zeitepoche immer schneller. Man könnte meinen, „sie steht nur noch auf dem Papier", gehandelt wird nach anderen Maßstäben. Wichtig ist, dass sich möglichst schnell eine lebenskonforme Ethik verbreitet, die als tragendes Element in absehbarer Zeit die Gesellschaft stützende Funktion der Religion ersetzen kann. Dazu ist jeder aufgerufen, der in der Lage ist, über den Tellerrand zu schauen.

Ähnlich wie das Wort Liebe haben wir den Begriff Sünde in unseren allgemeinen Sprachbereich aufgenommen. Wir sündigen, oder auch versündigen uns auf vielfache Art. Wir sündigen gegen unsere Gesundheit, gegen die Gemeinschaft, oder eben auch gegen Gott, wenn wir die Gebote nicht beachten oder ein Stück Brot wegwerfen. Auch mit der Liebe können wir sündigen, aber das hat ja schon *Zarah Leander* infrage gestellt, mit ihrem Schlager: „Kann denn Liebe Sünde sein?"

Was im Sprachgebrauch üblich ist, bleibt wesentlich an der Oberfläche und kann mit unserem Verstand reguliert werden. Es wird schwieriger, wenn uns der Begriff Sünde in der Erziehung, in der Schule oder von der Kanzel eingeflößt wird.

Vor einigen Jahren ging ich noch hin und wieder in die Kirche. So auch zum Ostergottesdienst in den Dom zu Braunschweig. In freudiger Osterstimmung erwarteten wir eine aufmunternde Predigt. Dann kam das Unerwartete: Domprediger Armin Kraft verteufelte unsere freudige

Stimmung, wie wir überhaupt Freude zeigen könnten bei unserem so sündigen Leben, wir sollten büßen statt uns zu freuen, und so weiter. Für die Gemeinde war es ein sehr trauriges Erlebnis. Ich möchte diese Art von Predigt nicht verallgemeinern, aber für mich war dieses „Osterfest" das Ende meiner Kirchenbesuche.

Die Lehre der Kirchen, dass wir ohnehin schon allesamt Sünder sind und nur von einem Erlöser von unseren Sünden befreit werden können, lähmt uns in der Aktivität in unserem Leben. Vernebelt den Unterschied von Gut und Böse in dieser Welt und macht uns unmündig, unsere Gesellschaft mit ihren korrupten Institutionen zu verändern.

Wie weiter oben schon angedeutet, würde eine Reformation der christlichen Lehre bereits ein notwendiger Fortschritt sein. Dazu die bereits erwähnte *Rut Björkman*: „Diese Lehre von der Erbsünde und der Unvollkommenheit des Menschen ist die Grundlage der Macht der Religion" und weiter: „Aus diesen Vorstellungen der grundsätzlichen Sündhaftigkeit des Menschen, die uns aufgezwungen werden durch die absurde Lehre der Erbsünde, müssen wir erlöst werden durch die Verkündigung des wahren Evangeliums von dem göttlichen Ursprung allen Lebens". Also nicht durch einen Erlöser, sondern in der Umsetzung der Lehre von Jesus, und zwar hier und heute.

Sterben

Das Einzige, was wir über unseren Tod wissen, ist das Ende unserer Körperfunktionen und das Auflösen unseres Körpers. Ob und was nach unserem Tod von uns übrig bleibt, darüber gibt es nur Hypothesen und religionsabhängige Verheißungen. Auch die Mystik alter Kulturen kann uns da nicht weiter helfen, ebenso wenig die Erkenntnisse der Quantenphysik. Jenseits des Lebens und der Energieformen gibt es nichts Messbares oder sonst wie Erkennbares. Damit müssen wir uns abfinden, trotzdem bleiben wir auf der Suche, um wenigstens eine Vorstellung davon zu haben.

Angst vor dem Tod

Unsere Ängste entstehen aus unseren Befürchtungen, dass etwas passieren könnte. Die meisten befürchteten Ereignisse treten aber nicht ein, zumindest nicht in dem befürchteten Umfang. Obwohl uns das bewusst ist, können wir unsere Ängste kaum beherrschen.

Seltsamerweise scheint uns das mit der Angst vor dem Tod zu gelingen, bei einem Ereignis, von dem wir wissen, dass es mit Sicherheit eintrifft. Allerdings wird diese Angst nur aus unserem Bewusstsein verdrängt, wir möchten gar nicht daran denken, erst recht nicht darüber reden. Unbewusst bleibt diese Angst aber weiterhin aktiv und belastet unser Leben. Unsere Weisheitslehrer sind sogar der Auffassung, dass alle Lebensängste aus der Angst vor dem Tod entstehen, wer Angst vor dem Tod hat, hat auch Angst vor dem Leben.

Wenn das Verdrängen dieser Angst eher Nachteile mit sich bringt, was kann man dann gegen die Angst vor dem Tod tun? Es reicht nicht aus, sich klar zu machen, dass es einfach so ist, dass zum Leben nun mal auch der Tod gehört. Das Auferstehen von den Toten in der christlichen Religion widerspricht unseren heutigen Überzeugungen.

Inkarnation: Wer an eine Inkarnation glaubt, muss sich darüber klar sein, dass es nicht derselbe

Mensch sein kann. Körper und Verstand wären neu. Auch eine Rückbesinnung erscheint nicht möglich, obwohl über eine Rückführung tatsächlich frühere Leben ausführlich beschrieben werden können, einschließlich der dabei empfundenen Gefühle.

Dies ist wirklich ein bemerkenswertes Phänomen. Jeder, der mit dem Prinzip der Hypnose etwas vertraut ist, kann das selbst nachprüfen. Die dabei beschriebenen Situationen entsprechen dem abgefragten Zeitraum. Die entscheidende Frage bleibt, ob es wirklich unser eigenes zurückliegendes Leben, oder eine Fata Morgana unseres Gehirns ist. Bei Nachprüfungen über die „erlebten" Orte, gab es sowohl positive als auch negative Ergebnisse. Ein Nachweis der Inkarnation über eine Rückführung, bleibt so noch offen.

Wenn *Buddha* sagt, das Leben erlischt wie eine Kerzenflamme, so wird das auch niemanden trösten können. Beruhigender und für unseren Verstand fassbarer sind da eher die Aussagen von *Sokrates*. Bevor er den Giftbecher trank, munterte er seine Schüler sinngemäß auf: „Ich verstehe nicht, warum die Menschen Angst vor dem Tod haben. Wenn es stimmt, was die Atheisten behaupten, nämlich dass man endgültig stirbt und nichts übrig bleibt, dann steht nichts zu befürchten, dann braucht man doch keine Angst zu haben. Oder vielleicht haben die Theisten recht und es wird mich noch geben, weshalb Angst haben?"

Diese Einstellung kann dazu beitragen, den eigenen Tod etwas gelassener entgegen zu sehen, aber kann sie auch die Angehörigen, die Hinterbliebenen trösten? Sicherlich ist es so schmerzhaft, wenn einem das Liebste, was man hat, vom Tod entrissen wird. Aber in den meisten Fällen ist es doch so, dass der Tod für den Sterbenden eine Erlösung ist, von seinen Leiden oder von seiner Altersschwäche. Zumindest in diesen Fällen sollte das eigene Verlustgefühl weniger schmerzhaft sein, durch die Einsicht, dass hier der Tod für den Sterbenden eine sinnvolle Lösung war. Natürlich kommt jeder Tod immer plötzlich, auch wenn man ihn schon länger erwarten musste.

Viel grausamer ist der Unfalltod und auch der Tod von jüngeren Menschen. Solche Todesfälle empfinden wir besonders schmerzvoll und können auch beim besten Willen keinen Sinn darin sehen. Der letzte Rest eines Glaubens an eine fürsorgende, höhere Macht geht dabei verloren.

Nach der Inkarnation-Hypothese wäre jedoch jeder Tod sinnvoll, nämlich dann, wenn eine vorbestimmte Lebensaufgabe erfüllt ist. Eine ähnlich sinnvolle Begründung für den Tod, hat seinerzeit Thornton Wilder in seinem Buch: „Die Brücke von San Luis Rey „ versucht. Alle mit der Brücke tödlich Abgestürzten hatten einen entscheidenden

118

Punkt in ihrem Leben erreicht, sei es, dass sie sich wieder versöhnt hatten, oder sonst wie mit ihrem Leben „ins Reine" gekommen waren. Aber auch das wird niemanden trösten können.

Wenn ich an meine Berührungen mit dem Tod zurück denke, empfinde ich zunächst Dankbarkeit. Dankbarkeit dafür, dass es mir vergönnt war, jeweils ein wenig Sterbehilfe zu leisten. Es waren zwar nur Kleinigkeiten, aber sie hatten in dem entscheidenden Moment einen besonderen Wert.

Als bei meinem Stiefsohn mit 49 Jahren ein nicht mehr zu operierender Lungenkrebs festgestellt wurde, dauerte es eine Weile, bis wir uns damit abfinden konnten. An seinem letzten Tag waren wir noch einige Stunden mit ihm zusammen in der Klinik. Bei unserem Abschied hatte er nur noch einen Wunsch, noch einmal eine Zigarette zu rauchen, was ihm in der Klinik strengstens verboten war. Ich besorgte ihm die Zigarette und transportierte ihn in eine abgelegene Flurecke, wo er in aller Ruhe seine Zigarette genießen konnte. Es war seine letzte Zigarette, in der folgenden Nacht schlief er friedlich ein. Bei aller Trauer kam die Nachricht von seinem Tod für uns nicht mehr überraschend, es war alles getan.

Ich empfand sogar etwas Freude, dass ich ihm seinen letzten Wunsch erfüllen konnte. Ähnliches empfand ich, als ich meine Schwiegermutter unmittelbar vor ihrem Tod, etwas von ihrer Sorge befreien konnte, nicht alles in ihrem Leben richtig gemacht zu haben. Auch bei meinem damaligen Chef hatte ich das Privileg, ihm bei seinem Einschlafen helfen zu dürfen. Am Ende einer schweren Erkrankung bat er mich an einem Abend, gegen seine innere Unruhe seine Füße zu massieren. Er schlief anschließend entspannt ein und wachte nicht mehr auf.

In allen drei genannten Fällen kam der Tod nicht überraschend, für die jeweilige Situation war er sogar sinnvoll. Viel schlimmer ist der Unfalltod. Aber auch hier erinnere ich mich an einen Fall, bei dem mich der Tod ganz anders berührte, als ich es erwarten konnte.

Mittags an einem Sommertag hörte ich von einem Unfall auf meiner Baustelle. Ein Bagger war beim Ausschachten verrutscht und hatte dabei einen Mitarbeiter tödlich eingequetscht. Als ich zur Unfallstelle kam, stand zwar ein Unfallwagen da, aber niemand war zu sehen. Wie ich später erfuhr, waren alle im etwas entfernten Baubüro, um zu telefonieren. Nur der tote Mitarbeiter war noch da, er lag im Schatten auf einer flachen Böschung.

Bei diesem Anblick empfand ich plötzlich eine unendliche Stille, für diesen Moment schien die Zeit still zu stehen. Der tote Mitarbeiter sah so friedlich aus, dass bei mir selbst ein Gefühl des

Friedens entstand. Die an sich katastrophale Situation bewirkte bei mir ein feierliches Empfinden, das mich tief beeindruckte.

Den Tod meiner Eltern habe ich nicht unmittelbar miterlebt, sie starben beide im sehr hohen Alter und lebten nicht in meiner Nähe. Bei meinen letzten Besuchen hatten wir uns schon verabschiedet. Die Nachricht von ihrem Tod kam dann für mich nicht überraschend, sie war von mir erwartet worden und ich konnte sie ohne große Traurigkeit hinnehmen.

Meine Todesfälle können kein Maßstab für den Umgang mit dem Tod sein. Jedes Schicksal mit dem Tod verläuft anders. Vielleicht können sie aber anregen, noch irgendetwas Hilfreiches für den Sterbenden zu tun, seien es auch nur Kleinigkeiten. Es kann Ihre Trauer um ein großes Stück erleichtern. Bei aller tiefer Trauer sollte aber die eigene Welt nicht ganz zusammenbrechen. Sie haben vielleicht das Wichtigste in Ihrem Leben verloren, aber nicht Ihr eigenes Leben. Und für dieses weitere Leben tragen Sie eine Verantwortung, vor allem auch gegenüber dem Verstorbenen.

Angst vor dem Sterben

„Mit meinem Tod kann ich mich abfinden, auch wenn es mir schwer fällt, aber ich habe große Angst vor dem Sterben, vor einem qualvollen Sterben". Diese Sorge höre ich oft und diese Sorge ist auch berechtigt. Unser Gesundheitssystem fördert die Anwendung von lebenserhaltenden Maßnahmen durch die Übernahme der Kosten. Dies kann man zunächst positiv sehen, aber diese Anwendungen haben sich zu einem „Geschäft mit dem Lebensende" entwickelt.

In welchem Umfang dies abläuft und wie rücksichtslos der sterbenskranke Patient häufig ausgenutzt wird, hat der Palliativarzt *Matthias Thöns* in seinem Buch: *"Patient ohne Verfügung"* offen gelegt. Er zeigt an vielen Beispielen, wie sinnlos und eher schädigend viele solcher Anwendungen sind und dass das Erreichen von großen Gewinnen leider wichtiger geworden ist, als das Wohl des Patienten.

Matthias Thöns mahnt uns daher dringend, über eine Patientenverfügung solche unsinnigen und quälenden Maßnahmen auszuschließen. Gleichzeitig macht er uns aber auch Mut, weniger Angst vor dem Sterben zu haben. Ohne apparative Behinderung würden Acht von Zehn würdevoll und human sterben und auf natürlichem Wege dabei schmerzfrei sein. Gegen Lebensende wird Essen und Trinken verweigert, das sollte

man akzeptieren und nicht, wenn auch gut gemeint, den Sterbenden dazu zwingen, oder ihn
künstlich ernähren. Unser Körper ist so eingerich-
tet, dass er beim Versagen eines Organs unsere
Schmerz- und Angstempfindung abschaltet. Bei
den übrigen Zwei von Zehn, könnte mit einfachen
Hilfsmitteln ebenso eine Schmerzfreiheit erreicht
werden.

Unsterbliche Seele

Nehmen wir an, die Theisten haben Recht und nach dem Tod bleibt etwas übrig, was wir Seele nennen. Was wissen wir über unsere Seele? Wenn sie überleben soll, muss sie auch in unserem lebenden Körper bereits vorhanden sein. Aber auch bereits hier haben wir keinen Zugang zu unserer Seele. Wenn wir vom Seelenschmerz oder von seelisch bedingten Erkrankungen sprechen, verwechseln wir die Seele mit unserer Psyche. Eine Seele wird weder krank, noch empfindet sie Schmerzen. Sie existiert nicht auf der körperlichen Ebene und ist auch kein wahrnehmbares Energiefeld. Nach unseren verstandesmäßigen Vorstellungen ist sie ein Nichts. Wie kann dieses geheimnisvolle „Nichts" überhaupt existieren, wie kann es die geistige Essenz unseres Selbst sein?

Wir müssen uns damit abfinden, mit unserem Wissen dazu keine Antworten zu finden, wir sind auf die Hypothesen unserer Weisheitslehrer angewiesen. Dass wir neben unserer körperlichen Ebene auch eine geistige Ebene besitzen, betrachten wir heute als eine Tatsache.

Für die Bibelforscher gilt dies allerdings nicht. Sie verweisen darauf, dass in der Bibel eine geistige Ebene nirgendwo erwähnt wird und das die Seele, soweit sie überhaupt genannt wird, hier identisch mit dem Leben ist, also den Tod nicht überlebt. Dem gegenüber wird eine Auferstehung aus dem Grabe verheißen. Man kann dazu sagen, bei Gott ist alles möglich, aber das erscheint mir weit unwahrscheinlicher als die Existenz einer unsterblichen Seele. Wiederauferstanden ist noch niemand, Berichte über Kontakte mit den Seelen gestorbener Menschen gibt es dagegen reichlich.

Gehen wir davon aus, dass die Seele unsterblich ist, entsteht die Frage, was nimmt die Seele nach dem Tod mit, was bleibt von mir übrig? Wenn die Seele energiefrei existiert, gehen alle energiebedingten Formen verloren. Somit auch der Verstand mit seinen Aufzeichnungen und seinen Gedankenmustern. Oder hat die Seele doch eine eigene Energieform, mit der zumindest unsere Empfindungen und Gefühle und vor allem unser Bewusstsein erhalten bleibt? Dazu gibt es viele, meist widersprüchliche Aussagen, aber eine nachvollziehbare Antwort konnte ich bisher nicht finden.

Eine interessante Variante sieht den folgenden Zusammenhang: Unser Verstand hat eine viel zu geringe Kapazität, um alles abzuspeichern was in unserem Leben abläuft. Die eigentliche Abspeicherung erfolgt in unserem geistigen Umfeld, im Verstand gibt es nur codierte Schlüssel, über die der Verstand das Gespeicherte abrufen kann.

Beim Tod geht der Verstand mit dem Code Schlüssel verloren, nicht jedoch die Speicherungen selbst. Der neue Verstand der „alten" Seele kann die Code Schlüssel für die bisherigen Speicherungen wieder aufbauen, was aber offensichtlich nicht immer gelingt. Die gleiche Problematik dürfte dann auch bei der Rückführung in frühere Leben sich auswirken.

Die Erkenntnisse über das geistige Potential des lebenden Menschen sind noch sehr beschränkt. Grundlegende Forschungen beziehen sich allein auf die mess- und darstellbaren Funktionen unseres Körpers. Man kennt sehr detailliert unser Gehirn und kann es sogar reparieren. Sogar wo und wie unsere Empfindungen entstehen, aber was zum Beispiel Bewusstsein ist, das weiß noch niemand. Ich meine nicht das Tagesbewusstsein oder die Achtsamkeit, sondern das Bewusstsein, das auch noch da ist, wenn Gedanken und Empfindungen ausgeschlossen sind. Oder warum sich unser Herz, aus sich selbst antreiben kann um zu arbeiten und möglicherweise maßgebend unsere Lebensvorgänge steuert. Es gibt noch sehr viele unbekannte Bereiche in unserem lebendigen Körper.

Daher bleibe ich sehr skeptisch bei allen „außerirdischen" Erfahrungen. Die mediale Übermittlung, genannt „Channeling" ist in den USA zur Mode geworden, ich kenne Menschen, die behaupten mit Jesus zu korrespondieren. Insbesondere die Bücher von Jane Roberts über „Gespräche mit Seth, von der ewigen Gültigkeit der Seele" waren Bestseller und sind auch noch heute gefragt. Einige davon habe ich gelesen. Diese Bücher beinhalten unter anderem ganz hervorragende Lebensweisheiten, Alle beschriebenen Umstände sprechen dafür, dass ein Dritter diese Bücher diktiert hat. Aber kann nicht auch hier das eigene, bisher unbekannte Potential angezapft worden sein?

Bei den meisten Berichten dieser Art, gehe ich davon aus, dass die Verfasser es genau so erlebt und empfunden haben. Es bleibt aber die Einschränkung, daraus noch kein allgemeines Wissen herleiten zu können. Auch das eigene Erleben bleibt subjektiv und wird von den eigenen Vorstellungen und Erwartungen beeinflusst.

Das gilt ebenso für alle Mythen der Religion. Moses war sicherlich überzeugt, dass Gott ihm die zehn Gebote aufgezeichnet hat. Wahrscheinlich war es wohl seine „Erleuchtung", die ihm ermöglichte, diese zehn Gebote zu formulieren. Die, unabhängig davon wer sie geschrieben hat, über viele Generationen hinweg, bis heute nicht an Bedeutung verloren haben, für Gläubige und Nichtgläubige.

Gott

Unsere Vorstellungen von Gott sind entsprechend unserer Kultur religiös geprägt. Den personifizierten Gott der Religionen gibt es sicherlich nicht. Wenn wir uns davon lösen wollen, fällt es uns aber schwer, mit Begriffen wie Universum, Sein oder universales Bewusstsein umzugehen. Nicht nur unser Verstand, auch unser Gefühl kann damit wenig anfangen. Soweit wir intuitiv eine höhere Macht anerkennen, hat der Name „Gott" für uns den höchsten Stellenwert, auch wenn wir ihn häufig missbrauchen.

Ich weiß nicht, ob es überhaupt eine höhere Macht gibt, ich kann es mir nicht vorstellen, erst recht nicht, dass diese Macht mein Leben direkt beeinflussen kann. Mir erscheint Robert Scheinfelds Dekret zutreffender: „Ich bin die Macht und die Gegenwart Gottes. ... Es gibt keine Macht da draußen – bei nichts und niemand." Wobei ich das Wort „Gott" als Synonym für das höchste geistige Potential des Menschen sehe. Das schließt nicht aus, dass wir von einem universalen geistigen Potential umgeben sind. aber Aktionen geschehen nur aus uns selbst.

Auch eine „göttliche" Schöpfung schließe ich damit nicht aus. Irgendwann muss das geistige

Potential angelegt worden sein, über die Evolution konnte sich nur der Zugang zum geistigen Potential entwickeln, nicht das Potential selbst. Allerdings bleibt dabei schon die Frage offen, wie wird das geistige Potential weiter gereicht? Erfolgt dies über Zeugung und Geburt, so ist es an die Körperlichkeit gebunden und kann den Körper nicht überleben. Noch komplexer wird die Frage, wie bleibt der jeweilig entwickelte Zugang erhalten?

Vererbt wird dies sicherlich nicht, dafür gibt es keinerlei Anzeichen. Für *Taylor Moone* ist es der Seelen Code, der durch Wiedergeburt die geistige Entwicklung erhält und fortführt. Andere Weisheitslehrer gehen davon aus, dass die geistige Entwicklung des Individuums nicht auf das Individuum beschränkt bleibt, sondern in ein gemeinschaftliches Umfeld einfließt und so Bestandteil der jeweiligen „Kultur" wird. Dementsprechend aber auch verloren geht, wenn der „Kulturkreis" ausstirbt, wie zum Beispiel beim Untergang des mystischen „Atlantis".

Liebe oder Verbundenheit

Die bedingungslose Liebe: Auf der Suche nach Erklärungen im Zusammenhang mit der Liebe Gottes fand ich häufig die Aussage: „Gott möchte von uns bedingungslos geliebt werden". Danach wäre das Ziel und das Endprodukt der Schöpfung der Mensch, der seinen Schöpfer bedingungslos liebt. Damit könnte auch der unendlich lange Weg der Schöpfung erklärt werden.

Das würde bedeuten, dass die Allmächtigkeit des Schöpfers bei der Liebe endet. Liebe kann nicht geschöpft werden, sie muss sich im Menschen selbst entwickeln. Aber gerade das, wird von den Religionen wieder eingeschränkt, der Mensch allein sei dazu nicht in der Lage. Nur mit Gottes Hilfe könne diese Liebe erreicht werden. Dies halte ich für genau so irreführend, wie Jesus als Gott anzubeten und sein menschliches Vorbild zu missachten.

Ohne ein direktes Gegenüber ist Liebe nach unserer Vorstellung kaum möglich. Die Religionen versuchen dieses Problem zu lösen, indem sie „ihren" Gott personifizieren und in ihre Kirchen einladen. Gott Vater, Mutter Maria und das Jesu Kindlein entlocken uns liebevolle Gefühle und Jesus „Opfertod" rührt unser Herz. Ununterbrochen erwarten wir Gottes Hilfe, wir fühlen uns als

Sünder und stimmen Ihn gnädig mit rituellen Gaben.

Aber hat dies überhaupt noch etwas zu tun mit bedingungsloser Liebe? Sicherlich sehr wenig. Wenn die bedingungslose Liebe weder eine äußere Zuwendung, noch ein inneres Gefühl ist, dann helfen uns die religiösen Rituale nicht weiter. Sie erreichen eher das Gegenteil, indem sie uns in der Entwicklung zum gottgewollten Menschen behindern.

Gott schuf den Menschen als sein Ebenbild, als Partner, der in dieser Welt für ihn die Schöpfung weiter entwickelt. Dabei ist es gleichgültig, ob Gott den Menschen direkt erschaffen hat, oder ob der Mensch sich über eine Evolutionskette entwickelt hat. Dienen und anbeten reicht für eine aufrichtige Partnerschaft nicht aus. Der Mensch allein hat die Verantwortung für das, was in der Welt geschieht, Gott als geistige Macht, kann nur über den Menschen auf die weltliche Ebene einwirken. Dies aber nur, wenn sich der Mensch in seinem freien Willen für diese geistige Macht öffnet und sich dieser Macht bewusst wird.

Innere Verbundenheit: Liebe ist für uns verknüpft mit einer gefühlvollen Zuneigung, die wir einem Lebewesen entgegen bringen. Gott ist aber keine Person, kein Lebewesen. Es wird verständlicher, wenn wir diese Liebe als einen Zustand innerer Verbundenheit sehen, ohne Gefühlswallung und ohne äußere Zuwendung. Diesen Zustand können wir erreichen, wenn wir an die Existenz einer höheren Macht nicht nur glauben, sondern von dieser Existenz auch überzeugt sind. Wenn uns bei unserem Denken und Handeln jederzeit bewusst ist, dass wir selbst ein Teil dieser höheren Macht sind und dass diese Macht nur durch uns wirksam werden kann. Dieses Bewusstsein beeinflusst unseren Umgang mit der Umwelt, besonders mit unseren Mitmenschen. Unter dieser Voraussetzung können wir unser Leben ohne weitere Einschränkung gestalten und soweit möglich auch genießen.

Was bedeutet mir „Gott"

Gott ist für mich der Inbegriff für die höchste Instanz, die ich mir vorstellen kann. Und wie stelle ich mir diese höchste Instanz vor? Zunächst eine Gegenfrage: Wie stellen Sie sich den Menschen vor? Sie sehen eine lebendige Gestalt und sagen, das ist ein Mensch. Nun zerlegen Sie diese Gestalt in ihre Einzelteile, was würden Sie dann finden? Absolut nichts! Sie können den Menschen nur in seiner lebendigen Gestalt wahrnehmen. Ebenso können Sie die höchste Instanz nur in ihrer lebendigen Gestalt wahrnehmen und diese Gestalt entspricht dem „Allem, was ist", was für mich „Gott" bedeutet.

Über viele Umwege fand ich den Zugang zum Taoismus. Diese mehr philosophische Weltanschauung ist weitgehend mit unserem Verstand fassbar und verdrängt nicht unsere christlichen Wurzeln. Wenn das Tao in allem ist, was ist, so ist es auch in mir. Ich möchte hier auf den Taoismus nicht weiter eingehen, nur soweit, dass ich Vertrauen zu meiner inneren Führung bekam und die Bezeichnung „Gott" durch das Tao ersetzen konnte. Auch wenn mir bewusst war, dass Tao, Gott und Sein nur unterschiedliche Bezeichnungen für die- selbe höhere Macht sind, bekam für mich das Tao den höchsten Stellenwert. Der Name „Gott" verlor für mich an Bedeutung.

Meine Berührung mit dem Namen „Gott": Dann geschah vor etwa zwei Jahren etwas Seltsames. Um meine Kenntnisse für die Quantentherapie zu ergänzen, stieß ich auf das Buch von Lothar Hollerbach: "Der Quanten Code". Lothar Hollerbach ist ein forschender Mediziner und dabei ein überzeugter Anhänger von Rudolf Steiner. Sein Heilungsansatz bei der Quantentherapie ist die Konzentration auf die göttliche Trinität und die Hilfe der Erzengel. Das war nicht das, was ich suchte. Seine Beschreibungen zu den Funktionen des menschlichen Körpers waren aber so interessant, dass ich einige seiner Übungsvorschläge ausprobieren wollte.

So habe ich versucht seine Übung zur Harmonisierung des ganzen Körpers anzuwenden. Dazu empfahl er, sich vorzustellen, dass Heilung durch jede einzelne Zelle hindurchrieselt, ausgehend von einem goldenen Wasserfall. Nachdem ich das einige Male ohne Erfolg versucht hatte, kam mir plötzlich in den Sinn: „Die Liebe Gottes durchströmt meinen Körper". Und während ich das wiederholte, spürte ich, wie tatsächlich eine warme und intensive Energie durch meinen Körper strömte.

Die Körperenergie zu fühlen war mir aus der Quantentherapie geläufig, ebenso auch das Hineinfühlen in unser Energiefeld nach Eckhard Tolle. Aber das hier war anders, nicht nur wesentlich intensiver, auch der Energiefluss, das Strömen war neu. Glücklicherweise konnte ich dieses Strömen jederzeit wiederholen. Seitdem genieße ich es täglich, wobei ich den Energiestrom auf bestimmte Körperteile oder auf den ganzen Körper lenken kann.

Das Seltsame daran ist, dass dies nur über die Intension „die Liebe Gottes" wirksam wird und bis dahin der Begriff „Gott" für mich kaum noch Bedeutung hatte. Meine Versuche, mit anderen Begriffen etwas Ähnliches zu erreichen, blieben alle ohne Erfolg, lediglich kann ich „Strömen" mit „Durchfluten" auswechseln.

Den Zusammenhang konnte ich mir zunächst nicht erklären, ebenso nicht, warum ich entgegen meiner damaligen Auffassung auf „die Liebe Gottes" gekommen bin. Mir wurde dann aber klar, dass die auf Gott bezogenen Grundlagen des Buches meine Wortwahl beeinflusst hat. Aber, dass diese Intension sich so auswirkt, konkret und wiederholbar, zwang mich, intensiver darüber nachzudenken. Entsprechend meiner Überzeugung kann der "liebe Gott" hier nicht am Werke sein, also muss es aus mir selbst kommen.

Wenn ich die neue Art von Körperströmen mit dem vergleiche, was ich bisher konnte, ist es im

Grunde „nur" eine Erweiterung, eine Verbesserung, die ich mir unbewusst vermutlich gewünscht habe. Mir blieb aber die Frage offen, wie kann diese Intension solches auslösen und was hat der Name „Gott" damit zu tun?

Ich erinnerte mich an Vadim Zeland, er sagt: „Wenn du Gott anbetest, betest du nur dich selbst an". Das heißt, wenn ich Gott anspreche, spreche ich mich selbst an, und zwar die höchste Instanz meines Selbst. So gesehen, habe ich mir selbst einen Wunsch erfüllt über den Umweg „Gott". Daraus muss ich schließen, dass ich mich von dem Begriff „Gott" nicht trennen kann. Unabhängig davon, ob es nun „Gott" gibt oder nicht, meine höchste Instanz trägt den Namen „Gott".

Nachwort: Mir ist bewusst, dass meine Vorstellung von Gott nur eine Hypothese für die Beziehung zwischen Mensch und Gott darstellt und eher einem Glauben als einem Wissen entspricht. Stellt man tiefer gehende Fragen, wird es mit dem Begreifen noch schwieriger. Was bedeutet zum Beispiel: „Alles was ist"? Sicherlich unsere Erde, unser Sonnensystem und schließlich auch das ganze Universum. Aber was ist mit dem Ausgangspunkt des Universums, aus dem das Universum per „Urknall" entstanden sein soll? Und was ist mit dem „Nichts", aus dem der Energiepunkt entstanden sein muss? Diese Erweiterungen des „Ist" sind ja heute kaum noch Utopien. Ist dies alles auch noch Gott, oder gibt es etwas, das über Gott steht?

Wenn man messen konnte, dass sich das Universum mit hoher Geschwindigkeit weiter ausdehnt, muss es einen Ausgangspunkt haben. Wenn das unermessliche Universum aus einem Energiepunkt entstanden ist, so war dies nur möglich, wenn in diesem Punkt eine unvorstellbare Energie konzentriert vorhanden war. Allein die Größe der Energie, noch mehr der Ursprung dieser Energie, übersteigt bei weitem unser Vorstellungsvermögen.

Wenn vorher nichts war, muss der Urknall auch die Geburtsstunde der Materie sein. Dem entsprechend entstand die Materie aus Energie. Was Einstein schon mit seiner Formel „$E = mc^2$" bereits im vorigen Jahrhundert postuliert hatte, scheint sich am Schweizer Kernforschungszentrum *Cern* jetzt zu bestätigen. Die Forscher sind dort überzeugt, das so genannte *Higgs-Teilchen* nachgewiesen zu haben. Ohne die Existenz solcher Teilchen ist der Übergang von Materie in Masse nicht zu erklären. Aber der Wissenschaft fällt es noch schwer, trotz kostspieliger Forschungen, Nachweise über unseren Ursprung, oder über unsere Zukunft zu erbringen.

Möglicherweise wird in nicht absehbarer Zeit das Weltall kollabieren, wahrscheinlicher ist es aber, dass wir uns vorher in absehbarer Zeit selbst abschaffen. Das Potential dazu ist reichlich vorhanden und die dazu fähigen Verrückten betreiben damit ihr gefährliches Machtspiel. Über zwanzig tausend Atombomben warten weltweit auf ihren Einsatz. Jemand, der die heutige Situation beurteilen kann, warnte vor einigen Tagen, es seien keine fünf Minuten vor Zwölf mehr, sondern nur noch drei Minuten. Versuchen Sie diese drei Minuten optimal zu nutzen.

Literaturhinweise

Björkman, Rut
Licht einer anderen Dimension
Aurum Verlag

Breddermann, Manfred
Fit und frisch mit 80
BoD–Books on Demand

Haanel, Charles F
Das Master Key System
R. B. K. Publishing

Hollerbach, Lothar
Der Quanten-Code
Ullstein Taschenbuch

Hirt, Josef
Das Ich und das
Gesetz von Lust und Unlust
Josef Hirt Verlag

Krishnamurti, Jiddu
Einbruch in die Freiheit
Aquamarin Verlag

Lehmann, Edith
Fühle Dich gesund und lebe
BoD–Books on Demand

Mc Taggart, Lynne
Das Nullpunkt-Feld
Goldmann Verlag

Moone, Taylor
Der Seelen Code
Ingo Simon Verlag

Precht, Richard David
Tiere denken
Goldmann Verlag

Roberts, Jane
Gespräche mit Seth
Goldmann Verlag

Scheinfeld, Robert
Raus aus dem Geld-Spiel
Rowohlt Taschenbuch

Schoch, Manuel
Das Tao des Glücks
AT Verlag

Tolle, Eckhart
 Jetzt! Die Kraft der Gegenwart
Kamphausen Verlag

Zeland, Vadim
 Transsurfing in 78 Tagen
Silberschnur Verlag